by **Jonathan Taplin**

大破壞

Facebook、Google、Amazon 制霸如何引爆全球失衡

Move Fast and Break Things

How Facebook, Google and Amazon Cornered Culture and Undermined Democracy

喬納森・塔普林——著
吳國卿——譯

獻給瑪姬

快速行動，打破陳規。
除非你打破陳規，否則你的行動就不夠快。

——馬克·祖克柏（Mark Zuckerberg）

目次

前言 11
第一章 大破壞 29
第二章 李翁的故事 43
第三章 科技的反文化根源 61
第四章 自由放任主義的反叛亂 79
第五章 數位破壞 103
第六章 數位時代的壟斷 125

Move Fast and Break Things

How Facebook, Google and Amazon Cornered Culture and Undermined Democracy

第七章　谷歌的監管劫持　141
第八章　社群媒體革命　159
第九章　網際網路海盜　189
第十章　自由放任主義者與頂層的百分之一　207
第十一章　身為人類代表什麼？　229
第十二章　數位文藝復興　267
後記　299
謝詞　303
注釋　314

大破壞

Facebook、Google、Amazon 制霸
如何引爆全球失衡

Move Fast and Break Things

How Facebook, Google and Amazon
Cornered Culture and Undermined Democracy

大破壞

前言

原本我以為自己要寫一個文化戰爭的故事，一邊是幾個自由放任主義派的網路億萬富豪，也就是為你帶來谷歌（Google）、亞馬遜（Amazon）和臉書（Facebook）的人；另一邊則是苦思如何在數位時代維持生計的音樂家、新聞記者、攝影師、作家及製片人。我這輩子為巴布．狄倫（Bob Dylan）和樂隊合唱團（The Band）、喬治．哈里森（George Harrison）及馬丁．史柯西斯（Martin Scorsese）等藝術家製作音樂與電影，所以我工作的媒體業的未來——藝術家在社會中所扮演的角色當然不在話下——對我來說非常重要。我很幸運，在剛進入這一行時，藝術家仍可藉由創作音樂或電影過著好生活，身為此類工作者的夥伴，我也很成功。但是這種好日子已經過去了，從一九九五年我最後一次製作電影，也就是《愛的機密》（*To Die For*）以來，流行藝術的數位流通型態，強化了一小群藝術家受歡迎的程度，並幾乎讓其他人全陷入暗無天日的困境。今日，身為年輕的音樂家、製片人或新聞記者，每個人都必須嚴肅地思考，在數位時代裡，是否真要跨入一個面貌已經消蝕到無法辨認產業之中。

愈是深入探究藝術家在數位時代難以生存的原因，就愈容易發現網路壟斷是問題的核心，而且這不再只是藝術家所將面臨的問題。網路對於所有人的生活和世界經濟而言，已變得不可或缺，但是關於網路應如何設計的相關決策，卻從未經任何人投票表決。那些決定是由谷歌、臉書及亞馬遜的工程師和主管（加上其他幾個人），在未受監管當局監督下實行的。結果就是使世界變成巴拉克・歐巴馬（Barack Obama）總統所形容的，沒有隱私或監管的「西部荒野」（Wild West），讓每個市民任由罪犯、企業和政府侵踏。正如歐巴馬在《經濟學人》（*The Economist*）上所述：「一個由少數人塑造，且不對多數人負責的資本主義，是對所有人的威脅。」

網際網路也正在改變我們的民主：唐納・川普（Donald Trump）發現推特（Twitter）是他自戀狂性格的完美載具，容許他肆意攻擊所有想要折磨的對象。加州大學柏克萊分校（University of California, Berkeley）新聞研究所所長愛德華・魏瑟曼（Edward Wasserman）指出，臉書（百分之四十四美國人的首要新聞來源）也要為川普的勝選負責，「透過臉書，川普能以極具影響力的方式傳達訊息，卻無須接受傳達訊息給大眾時，一般所必備的品質檢查。」臉書上充斥著假消息，據 *BuzzFeed* 報導：「在美國總統大選最後三個月，選舉的假新聞在臉書上最為熱門，大眾對其參與度遠超過主流媒體，如《紐約時報》（*New York Times*）、《華盛頓郵報》（*Washington Post*）、《赫芬頓郵報》（*Huffington Post*），以及《國家廣播公司新聞》（*NBC News*）等。」正如歐亞集團（Eurasia Group）總裁伊恩・布瑞默（Ian Bremmer）對《紐約時報》說：「如果不是社群媒體，我看川普不會贏。」

但控制主要網際網路公司的放任自由主義者，並不真的相信民主政治。領導這些壟斷事業的人相信，只有最聰明和最富有的人才能為未來作決定，形成寡頭統治。臉書第一個外部投資人，也是PayPal共同創辦人彼得・提爾（Peter Thiel）認為，美國社會的主要問題是「不思考的人民」，即民主社會的大眾對資本主義的限制。提爾告訴《華爾街日報》（*Wall Street Journal*）專欄作家霍爾曼・簡金斯（Holman W. Jenkins），只有百分之二的大眾——科學家、創業家和創投資本家了解發生什麼事，而「其餘百分之九十八的人什麼都不知道」。

我誤以為這是一場文化戰爭，但它其實是經濟戰爭，而這可能只是美國資本主義在數位時代的預告而已。《經濟學人》在一期以「贏者全拿」（Winners Take All）為題的社論特刊中表示，也許「企業正濫用其壟斷地位，或是利用遊說來扼殺競爭，這場競賽可能已經被暗中操縱」。該雜誌更進一步表示，現在真正需要的是一場大改革，「以進行更積極而嚴厲的反托拉斯行動。首先要進行的是更嚴肅的辯論，以探究讓少數幾家極大的公司掌控全國大部分資料是否明智。這場辯論將重新全面檢視企業遊說的問題，因為它已變成既有公司保護自己的關鍵機制」。壟斷、資料控制和企業遊說，是創意藝術家與網際網路巨人間戰爭故事的核心，但我們必須了解，在不久後的將來，每個人都將陷入與藝術家相同的處境。音樂家與作家之所以首當其衝，是因為其所在產業率先被數位化，但是正如創投資本家馬克・安德森（Marc Andreessen）說的，「軟體正吞食世界」，科技人很快也會搶走你的工作，一如他們將繼續奪取更多你的個人資料。

數位巨人的崛起與美國創意產業的隕落有著直接關係，我把數位壟斷真正崛起的日期定為二〇〇四年八月，也就是谷歌在首次公開發行股票（initial public offering, IPO），並籌資達十六億七千萬美元的時候。二〇〇四年十二月，谷歌在搜尋引擎市場的佔有率只有百分之三十五，雅虎（Yahoo）為百分之三十一，MSN則為百分之十六。如今谷歌在美國的佔有率為百分之八十八，在世界上其他地方，這數字甚至還要更高。亞馬遜二〇〇四年的淨營收為六十九億美元，到了二〇一五年卻已達一千零七十億美元；現在，不論是紙本書或是電子書，亞馬遜已控制所有新書線上銷售的百分之六十五。在這十一年間發生了大規模的營收重新分配，每年金額可能高達五百億美元，把經濟價值從內容創造者轉移至壟斷性平台的擁有者手中。

自二〇〇〇年以來，美國音樂產業年營收從一百九十八億美元銳減至七十二億美元；家庭影片的營收從二〇〇六年的兩百一十六億美元，減少到二〇一四年的一百八十億美元；美國報紙的廣告營收則從二〇〇〇年的六百五十八億美元，萎縮至二〇一四年的兩百三十六億美元。據波因特研究所（Poynter Institute）估計，二〇一六年「臉書從美國報紙吸走了超過十億美元的平面廣告預算」。雖然書籍出版業的營收維持平穩，但主要是因為童書銷售增加，彌補了成人書籍下滑近百分之三十的銷售。在此同時（二〇〇三年至二〇一五年），谷歌的營收已從十五億美元成長為七百四十五億美元。《廣告周刊》（*Adweek*）指出，截至二〇一六年，谷歌已成為全球最大的媒體公司，吸走「全美廣告支出總額中的六百億美元，比排名第二的迪士尼（Walt Disney）高出百分之一百六十六」。谷歌獨霸線上廣告，意味著它的廣告營收連控制 ABC、ESPN 和迪士尼頻道（Disney Channel）的電視業巨人迪士尼都望塵莫及。由於谷歌佔有的廣告營收比例如此之高，全球各大品牌都得支付該公司（和臉書）較高的廣告費，而較高的費用當然會以較高價格的形式轉嫁給消費者。

內容創造者的收入正以驚人速度急劇減少，而這與人們減少聽音樂、看書或看電影與電視節目的說法無關。事實上，所有調查都呈現相反的情況——谷歌搜尋排行名列前茅的項目都屬於娛樂類別。數位壟斷崛起導致內容收入減少並非巧合，兩者有著密不可分的關聯。

以市值來看，世界最大的五家公司分別為蘋果（Apple）、谷歌（現指其母公司Alphabet）、微軟（Microsoft）、亞馬遜和臉書。我們很難了解這五大科技巨人在我們的經濟中扮演多重要的角色，下圖顯示世界最大公司名單，在二〇〇六年與今日的變化比較。

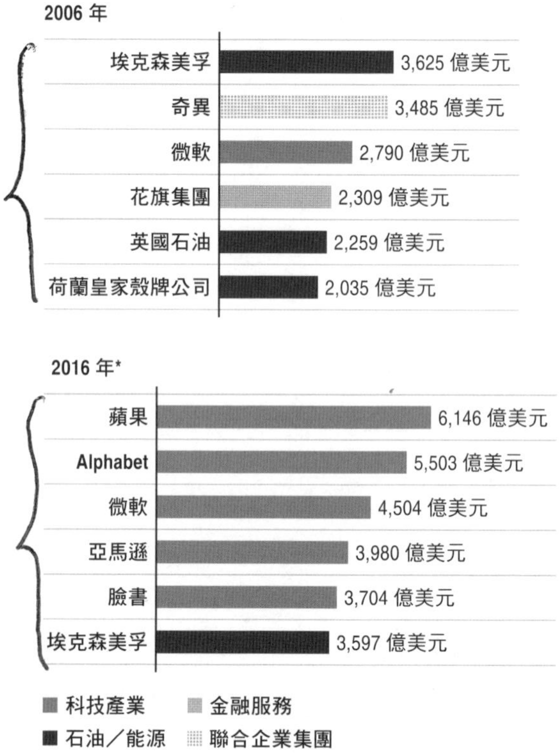

圖表一：科技時代

世界最具價值的上市公司

資料來源：雅虎財經（Yahoo! Finance）、《富比士》（*Forbes*）。

*截至2016年10月7日之統計資料。

但是，這個改變比市值還要根本。從二十世紀初，西奧多・羅斯福（Theodore Roosevelt，多稱為老羅斯福）挑戰約翰・洛克斐勒（John D. Rockefeller）和約翰・皮爾龐特・摩根（John Pierpont Morgan）的壟斷以來，美國從未出現財富與權力集中如此嚴重的情形。歐巴馬總統的經濟顧問彼得・奧薩格（Peter Orszag）和傑森・佛爾曼（Jason Furman）指出，數位革命創造的財富對經濟不平等惡化的影響，可能超越其他所有因素。儘管安德森和提爾認為，科技億萬富豪不成比例的獲利是天才創業家文化的結果，但此規模甚鉅的不平等是一種選擇——乃是我們的社會所選擇制定之法律和稅制的結果。與科技決定論者希望我們相信的相反，不平等不是科技與全球化不可避免的副產品，甚至也不是天才分布的不平衡所致，而是從網際網路興起以來，政策制訂者似乎認為網路壟斷不適用於經濟規範的做法，所直接造成的結果。稅法、反托拉斯法、智慧財產權法——在規範網際網路業時全被忽視。數位壟斷者為追求效率，要求不受管制，但正如貝瑞・林恩（Barry Lynn）和菲利普・朗曼（Phillip Longman）所寫：「幾近不容駁斥的證據顯示，採取這種『效率』觀點，開啟了過去一個世代的集中過程，並已幾乎重新塑造整個美國經濟，而且現在正破壞我們的民主。」市場佔有率愈來愈集中在少數美國企業的現象，顯然已遠遠擴大到科技業之外。正如參議員伊莉莎白・華倫（Elizabeth Warren）於二〇一六年六月發表的演說中指出：

過去十年來，美國大型航空公司的家數已從九家減少為四家。這四家航空公司分別為美國航空（American Airlines）、達美航空（Delta Air Lines）、聯合航空（United Airlines）和西南航空（Southwest Airlines），控制了百分之八十的國內航空機位……少數幾家體質健全的保險業巨人——包括安森（Anthem）、藍十字藍盾（Blue Cross Blue Shield）、聯合健康（United Healthcare）、安泰（Aetna）及康健（Cigna），控制了百分之八十三的美國醫療保險市場……三大藥局——CVS、沃爾格林（Walgreens）和來愛德（Rite Aid），則控制了百分之九十九的美國藥房。近百分之八十五的美國牛肉市場由四家公司所把持，而近半數的雞隻，係由三家公司所生產。

雖然我指出所有美國產業都出現權力愈來愈集中在少數大型公司的情況，但本書將專注於我畢生從事的產業——媒體和傳播業。這個世界無情地追求效率，導致谷歌、亞馬遜及臉書對待所有媒體有如商品，其價值就只是從你最近的音樂影片、新聞或清單體文章（listicle）搜尋紀錄中，蒐集得來的個人資料。然而，在幕後推動網際網路的推手，對於我們了解自身文明，卻扮演著極其重要的角色。

自古以來，藝術家一向勇於指出社會的不公不義。哲學家赫伯特・馬庫斯（Herbert Marcuse）寫道，藝術在社會中的角色是「**拒絕忘記什麼可能成真**」。藝術的歷史就是顛覆的歷史，諸如伽利略・伽利萊（Galileo Galilei）此類的藝術家在歷史的流轉中均告訴我們，你所知的一切都是錯的。拉爾夫・沃爾多・愛默生（Ralph Waldo Emerson）和亨利・大衛・梭羅（Henry David Thoreau）於一八三〇年代的超驗主義（transcendentalism），是第一個「大拒絕」——拒絕接受奴隸制度與美國帝國主義，帶來三十年後亞伯拉罕・林肯（Abraham Lincoln）的解放奴隸宣言（Emancipation Proclamation）。這種藝術家扮演進步先鋒的模式，在美國歷史（及許多國家的歷史）中重演無數次，雖然叛逆的藝術家總是必須與控制流通管道的「經理人」打交道，但網際網路壟斷的來臨，卻讓所有人都置身於過去唯有藝術家會身處的脆弱地位。製作藝術和新聞的獲利日趨集中，處於劣勢的早已不只是藝術家與新聞專業者，更使所有想要從創意和文化的自由交易中獲利的所有人，無力抵抗一小群擁有極大權力的體制保護者。就連谷歌董事長艾立克・施密特（Eric Schmidt）及其著作的共同作者傑瑞德・柯恩（Jared Cohen），也都承認這一點。他們寫道：「我們相信現代的科技平台，如谷歌、臉書、亞馬遜和蘋果，比大多數人所知的更加強大，而我們的未來將因為它們在每個社會被採用及成功，而從根本上被改變。」

一九六八年，馬丁．路德．金恩（Martin Luther King Jr.）在被暗殺前不到一週，於華盛頓特區的國家大教堂佈道時表示，雖然我們正在進行一場科技革命，卻有很多人完全不了解它將帶來何種改變。如果缺少某種道德架構，這場革命帶給我們的將會是「導引的飛彈和被誤導的人」。他說：

> 人生最大的缺憾之一是，有太多人發現自己活在社會的大變遷裡，卻未能培養出新情勢所需的新態度及新心智反應，結果是他們錯失了一場革命。

想想還有人權、越戰、貧窮等許多戰役橫在面前的金恩，竟然試圖喚醒我們注意科技在未來可能扮演的角色。金恩當年不可能預見網際網路成癮的特性，也不可能想像我們會心甘情願把最隱私的祕密分享給冷酷企業，而那些企業的經營模式則是極盡所能地吸引並利用我們的注意力。家有抱著智慧型手機入睡的青少年，父母們都會同意：這些青少年即便在睡夢中，也可以與谷歌或臉書連線。我們持續讓出更多的私人生活，因為相信仁慈的企業將帶給我們便利的神話。《連線》（*Wired*）創始編輯凱文．凱利（Kevin Kelly）評論道：「一切都會被追蹤、監視、檢查和攝像，而人們將會忍受，因為『虛榮勝過隱私』已在臉書上得到證實。注意力流過之處，金錢也將隨之流動。」但是，身為最早的科技決定論者之一，凱利可能錯了。資深科技安全專家丹・卡明斯基（Dan Kaminsky）於二〇一五年在美國黑帽（Black Hat）網路安全會議[1]上表示：「由於安全和隱私的顧慮，有一半的美國人正從網路撤退。我們必須著手矯正網際網路，否則將有失去這個美好發明的風險。」

例如谷歌執行長賴瑞・佩吉（Larry Page）、臉書的馬克・祖克柏（Mark Zuckerberg）、PayPal 創辦人提爾，以及奈普斯特（Napster）創辦人暨臉書首任總裁西恩・帕克（Sean Parker），都是世界的超級鉅富，他們的野心大到足以成為小說的題材：戴夫・艾格斯（Dave Eggers）的《直播風暴》（*The Circle*）和唐・德里羅（Don Delillo）的 *Zero K* 都是耳熟能詳的作品，描寫科技鉅富發明能讓人長生不老的科技。但是這些科幻場景正在現實生活中發生——提爾、佩吉和其他人正投資數億美元研究「終結人類老化」，還有把人類意識融合到他們無所不能的網路上。喬治・派克（George Packer）在《紐約客》（*New Yorker*）上寫道：「在提爾的科技烏托邦裡，幾千名美國人可能擁有機器人駕駛的汽車，活到一百五十歲，而數百萬人則因為遠比他們聰明的電腦而失去工作，活到六十歲就死亡。」令人驚訝的是，我們剛剛經歷一場總統大選，選戰中卻對這些未來的議題隻字未提。

現代意識的基礎是個人應該決定自己命運的概念，尤其是選民和消費者。但這不是科技決定論者對未來的想法。正如前谷歌「設計倫理專家」崔斯坦．哈里斯（Tristan Harris）寫道：「如果你控制了選單，就控制了選擇。」我們透過讓谷歌與臉書這樣的網路平台控制選單，而讓出我們選擇的自由。谷歌、臉書及亞馬遜的神祕黑盒子運算法如何決定選單，是公司以外的人絕對無法知曉的。《衛報》（*Guardian*）前編輯艾倫．盧斯布里傑（Alan Rusbridger）於二〇一六年九月在《金融時報》（*Financial Times*）的會議中表示，二〇一五年臉書瓜分了《衛報》兩千七百萬美元的數位廣告預估營收。他說：「他們（臉書）拿走了所有的錢」，因為「他們有我們不了解的運算法，是我們刊登廣告與讀者接收訊息之間的濾網」。隨著我們的生活日益數位化，這些擁有新運算法神祇，將取得凌駕我們之上的更大力量。

這不是科技決定論觀點首度帶來的道德危機。第二次世界大戰結束後，在日本廣島和長崎的蕈狀雲籠罩下，基督教智識份子，如萊茵霍爾德．尼布爾（Reinhold Niebuhr）憂慮我們「贏了戰爭，卻輸了和平」。他們認為，如果科技專家搶走戰爭勝利的功勞，這群專家就將接管戰後的世界。尼布爾在這一點上有先見之明，而歐巴馬總統於二〇一六年廣島和平紀念日的演說中亦承認這種二分式的說法：「科技進步，而人類的體制卻沒有同等進步，可能將帶給我們災難。促成原子分裂的科學革命也需要道德革命。」但是走過美國鐵鏽帶（rust bell）城市[2]、目睹科技力量摧毀就業的人，就會看到破壞的真實痕跡——高成癮率和自殺率，以及縮短的預期壽命。這種精神癌症的科技解藥是什麼？我沒有答案。或者讓我們想想，無論是名人或是一般人，都必須忍受推特上的無名氏充滿憎恨的無盡謾罵，這個問題的科技解方又是什麼？

儘管愛德華・史諾登（Edward Snowden）揭密，使民眾對美國國家安全局（National Security Agency, NAS）監聽產生強烈憤怒，大眾卻仍自願（但不知情地）把更多個人資訊交給谷歌和臉書，遠遠超出政府所能獲取的。即使我們知道谷歌和臉書的主要業務是「監視性行銷」（surveillance marketing）——也就是出售我們的個人資訊給廣告主，以賺進數十億美元，卻寧可相信，它們不會以傷害我們的方式利用這些資訊。施密特曾告訴《大西洋》（*The Atlantic*）：「谷歌的政策是達到『徐變線』（creepy line），而不跨越它。」在最好的解釋下，這也是一個值得辯論的說法。正如史諾登揭露的，谷歌和臉書都願意把顧客資料交給美國國家安全局。試想，萬一谷歌是由像安隆（Enron）的傑佛瑞・史金林（Jeffrey Skilling）這種人管理的企業呢？

再舉例試想，谷歌和臉書是有能力修改運算法，進而影響你觀看新聞報導之選擇的。二〇一四年一項由美國行為研究與科技學會（American institute for Behavioral Research and Technology, AIBRT）心理學家羅伯特・艾比斯坦（Robert Epstein）主持的研究，分析政治候選人的谷歌搜尋排序影響選民的程度。他指出：「我們根據世界各國選舉的勝分差來估計，谷歌可以左右所有全國性選舉結果，其比例最高達到百分之二十五。」而喬納森．奧爾布萊特（Jonathan Albright）教授的研究則顯示，右派網站操縱了谷歌的運算法，控制詢問句「猶太人是……」的自動填答功能，讓邪惡成為第一個選項。他指出：「右派支配了穆斯林、女性、猶太人、大屠殺、黑人這些主題的數位空間，其效率勝過自由左派。」

谷歌、亞馬遜和臉書是典型的「尋租」（rent-seeking）企業。《紐約時報》專欄作家亞當．戴維森（Adam Davidson）解釋這個概念：

> 經濟學上，「租」（rent）是指你因控制某種稀少卻為人們所渴望的東西，而賺取的金錢，無論是油田或是在市場上的壟斷地位……左派、右派及中間派的經濟專業人員都同意減少尋租行為和提振整體成長，是我們想要「讓美國再度偉大」所不可或缺的。

谷歌和臉書各有逾十億名顧客，亞馬遜則有三億五千萬名。它們都從上層顧客取租，不管是透過直接支付或是透過廣告子公司。這種新壟斷的興起發生得相當快，因此我們可以說，經濟學家與政治人物還不完全了解基本經濟學課堂裡，亞當．斯密（Adam Smith）的資本主義理想，與現今的壟斷資本主義有多大的不同。首先，壟斷是價格製造者，不是價格接受者。經濟學家保羅．克魯曼（Paul Krugman）寫道：「別告訴我亞馬遜給了顧客他們所想要的東西，或是它藉此獲得了現有地位。重要的是它是否擁有太多的權力，並正在濫用中？事實上，它確實擁有過多權力，也確實正在濫用。」

然而，身處各行各業的美國企業，均刻正朝市場佔有率集中的方向發展。其所真正帶來的影響，是自一九七〇年代以來企業獲利持續增加，薪資卻停滯不前。在各產業高度集中的企業環境裡，一般美國勞工的處境日益惡化，也反映出現代音樂家、製片人或新聞記者的困境，每個人都必須學習配合如谷歌、亞馬遜及臉書，此類要想賺錢維生就必須仰賴的終端機構。

這些公司能夠取得支配地位，不只是因為創辦人的聰明才智，雖然商業新聞媒體會讓你這麼認為。它們的壟斷是政治理論所稱的自由放任主義（libertarianism）效應的例子，這種主義源自經濟學家米爾頓．傅利曼（Milton Friedman）和哲學家艾茵．蘭德（Ayn Rand）的理論，它輕率地斷定政府經常是錯的，而市場永遠正確。值得一提的是，網際網路是政府出資且根據去中間化（decentralization）原則創造的，這是我們要戰勝數位時代企業壟斷的力量，就必須重新尋回的原則。

我從二〇一〇年開始主持南加州大學（University of Southern California）的安能伯格創新實驗室（Annenberg Innovation Lab），並幸運地在那裡與許多網際網路先驅共事，包括提姆・伯納斯－李（Tim Berners-Lee）、文特・瑟夫（Vint Cerf）及約翰・西利・布朗（John Seely Brown）。我也是第一家串流隨選視訊公司 Intertainer 的創辦人，這家公司早在 YouTube 上線前十年，就已開始在網際網路傳播高品質影片。我是一個篤信科技力量的人，曾利用 Medium 部落格這類工具來發表本書裡的部分想法。但是，我不確定科技能否解決屬於價值觀層次的問題——藝術家如何從作品獲得金錢價值，以及我們的社會如何為數位時代的藝術估價？我們如何創造永續的文化來提升生活、精神與心靈，正如路易斯・阿姆斯壯（Louis Armstrong）、華特・惠特曼（Walt Whitman）、巴布・狄倫和史丹利・庫柏力克（Stanley Kubrick）帶給我們的？你將看到我相信搖滾、偉大的文章與劃時代的電影可以改變人生的力量。因此，雖然我可能會描繪當前數位文化的黯淡前景，卻希望為藝術家和一般大眾指引一條路，有助於在我稱為數位文藝復興（Digital Renaissance）的覺醒中，重振許多網際網路先驅的願景。這種覺醒已經在音樂家對 YouTube 的反抗中展開，他們也是最早對數位化影響感受最深的人。這股覺醒也已經散播到新聞記者、製片人，甚至是政治人物當中，包括參議員伊莉莎白・華倫在內。製作《飆風不歸路》（*Sons of Anarchy*）的電視製作人寇特・蘇特（Kurt Sutter）說出了許多人的心聲：「谷歌每年花費數百萬美元於組織鎮壓創意工作者權利的運動。」我將在後面的章節敘述這股抗力的廣度，以及我個人對解決這個問題的一些想法。

但是，我們必須先了解今日究竟是如何走到這步田地。

1 編注：黑帽係指以不正常的方式，使搜尋引擎索引錯誤的資訊，以導引使用者前往錯誤，甚至惡意的入口網站。黑帽網路安全會議則是由資安產業專家（這些人多為白帽駭客）定期舉辦的會議，旨在了解與學習資安產業的最新趨勢與工具。

2 編注：鐵鏽帶城市係指由於去工業化，或一度強盛的工業部門萎縮，而飽受經濟衰退衝擊的城市。多分布於美國中西部及五大湖地區。

| 第一章|

大破壞

「不作惡。」

——谷歌警句

一

金恩一九六八年於國家大教堂佈道所提到的科技和社會革命，在他演說時早已展開。革命從當時反文化的道德箴言開始：控制的去中間化，以及人的和諧。最早的網絡，如由《全球目錄》（*The Whole Earth Catalog*）創辦人史都華・布蘭德（Stewart Brand）組織的全球電子連結（Whole Earth Lectronic Link, WELL），即由一九六〇年代的反文化孕育而出。布蘭德曾協助小說家肯・凱西（Ken Kesey）籌辦酸性測試（Acid Tests），這是數千名吸食 LSD 迷幻藥的嬉皮，隨著新樂團死之華（Grateful Dead）音樂起舞的經典盛會。蘋果電腦創辦人史帝夫・賈伯斯（Steve Jobs）當年也曾吸食迷幻藥，約翰・馬可夫（John Markoff）在著作《PC 迷幻紀事》（*What The Dormouse Said*）中寫道：「賈伯斯解釋，他仍然相信吸食 LSD 迷幻藥是他人生中最重要的兩、三件事之一。某些與他熟識的人，因為從未嘗試過迷幻藥，所以無法了解關於他的某些事情。」布蘭德、凱西及賈伯斯均想像有一種真正「由下而上」的新類型網路，但是我們對這種新類型網路終將推翻政治階層統治，並消除不平等的希望，到頭來終究是南柯一夢，僅是數位烏托邦的幻想。據《紐約時報》的報導，世界銀行（World Bank）於二〇一六年的報告指出：「網際網路創新勢必將擴大不平等，甚至加速中產階級就業的空洞化。」為何原先充滿希望的發明，會錯得如此離譜？麻省理工學院（Massachusetts Institute of Technology, MIT）研究人員，也是網際網路先驅伊森・祖克曼（Ethan Zuckerman）寫道：「我們先前所為，現已成為顯而易見的失敗，所以容我提醒你們，當年我們想做的是十分勇敢而高貴的事。」

網際網路的初始任務遭到一小群右派激進分子挾持，對他們來說，民主和去中間化的理念是詛咒。到了一九八〇年代末期，從後來成為PayPal創辦人的提爾在史丹佛大學（Stanford University）的班級開始，矽谷的主流哲學開始以遠比蘭德激進的自由放任意識形態作為主要根據，凌駕凱西和布蘭德的公社性原則。提爾是臉書的早期投資人，也是他得意地稱之為「PayPal幫」的教父，而目前統治矽谷的正是PayPal幫。提爾曾明確表達他的信念：「我不再相信自由和民主是相容的。」更重要的是，提爾表示，若你想創造並獲得長久的價值，就應該尋求建立壟斷。對藝術家產生危害的三大角色，顯然均為壟斷企業。谷歌在線上搜尋與搜尋廣告市場的佔有率為百分之八十八，在安卓（Android）行動作業系統在全球市場的類別佔有率是百分之八十；亞馬遜在電子書銷售有百分之七十的市場佔有率；臉書在行動社群媒體的市場佔有率則達到百分之七十七。

第四家公司——蘋果雖非壟斷事業，因為它的主要硬體事業有許多競爭者，但仍在這個故事裡有著舉足輕重的地位。即便如此，我將著重在改變藝術家和藝術工作支持者之間的關係上，影響最大的三家數位壟斷企業。

也許從約翰．洛克斐勒的標準石油（Standard Oil）建立以來，沒有一家公司獨佔市場的程度比得上谷歌。在谷歌和臉書利用市場力量，對廣告主榨取經常比市場價格高出百分之二十的壟斷租（monopoly rent）時，亞馬遜則是利用其買方壟斷（monopsony；一種只有一個買家與許多潛在賣家互動的市場結構），強迫作家、出版者及書商降低價格，讓其中許多人被迫關門。這不是網際網路設計者所想像的去中間化，然而諷刺的是，這正好是網際網路為了擴大規模而設計的一套全球標準，造就網際網路時代這種贏者全拿的經濟。

若是生在不同的時代，谷歌、臉書及亞馬遜都將受到政府的節制，並可能只會有今日公司規模的一半，因為它們的成長大部分均是透過收購而來，而收購勢必會受到嚴格執行的反托拉斯法所阻擋。一九一二年伍德羅．威爾遜（Woodrow Wilson）競選總統時表示：「如果壟斷持續存在，壟斷將永遠掌控政府。現在要決定的是我們是否夠大、我們是否夠有勇氣、我們是否夠自由，足以再度擁有我們自己的政府。」但是從隆納．雷根（Ronald Reagan）時代以來，自由放任主義智庫宣揚的反監管信念，讓共和黨與民主黨政府執行反托拉斯法的努力屢屢受挫。二〇一五年，前勞工部長羅伯．萊克（Robert Reich）寫道：「即使最大的科技公司看來已握有較以往來得更大的市場力量，大型的科技公司仍幾乎均有對反托拉斯調查的豁免權。也許那是因為它們已經累積了相當龐大的政治力量。」

就連投資銀行高盛（Goldman Sachs）也對這些壟斷事業創造的超高利潤感到不解。在資本主義的標準模式中，超高獲利的事業會鼓勵新競爭者進入市場，最後迫使獲利正常化（經濟學家稱之為均值回歸）。高盛的報告表示：「我們總是慎重告誡均值回歸。然而，如果我們錯了，高利潤在接下來幾年仍舊持續（尤其是全球需求成長低於趨勢時），那麼資本主義的效率勢必有著更大的問題要探究。」從華爾街首屈一指的投資銀行口中聽到資本主義已經不可行的說法，的確令人感到驚訝。

這帶領我們來到問題的核心。從一九二〇年廣播問世以來，流行娛樂向來有一種由廣告贊助的「免費」模式。但像國家廣播公司（National Broadcasting Company, NBC）和哥倫比亞廣播公司（Columbia Broadcasting System, CBS）這類引領商業傳播趨勢的公司，總是會將一大部分的獲利，重新挹注在內容創造上。相反地，谷歌、YouTube及臉書不在創造內容上進行投資——因為內容都是「使用者創造」的，雖然其中有許多實際上是由專業人員製作，但卻硬是被歸類為使用者創作的內容。即便在今日，哥倫比亞廣播公司的利潤仍只有百分之十一，相較之下，谷歌的利潤卻高達百分之二十二。而谷歌所擁有這百分之十一的優勢，可能就是未投資在內容製作的八十億美元所產生的投射。

《經濟學人》於二〇一六年報導：「據顧問業者麥肯錫（McKinsey）調查，二〇〇三年一家獲利很高的美國公司（包括商譽在內的稅後投資報酬率為百分之十五到百分之二十五）於二〇一三年仍有極高獲利的機率為百分之八十三；報酬率超過百分之二十五的公司情況也相同。前一個十年中，此機率大約是百分之五十。很顯然，美國經濟對既有業者來說太愜意了。」既有業者的力量也限制了新創企業的家數，而新創企業向來是美國就業成長的來源。麻省理工學院經濟學家史考特．史登（Scott Stern）與荷黑．古茲曼（Jorge Guzman）的新研究顯示：「雖然新創意和潛在發明的數量正在增加，公司以有意義與有系統方式擴大規模的能力似乎在下降。既有業者愈來愈有利，而新加入者則愈來愈不利。」

現為安霍創投（Andreessen Horowitz）合夥人的巴拉吉．史里尼瓦森（Balaji Srinivasan）於二〇一三年指出，矽谷的勢力已經變得比華爾街和美國政府更大。他說：「我們想證明一個由矽谷統治的社會會是什麼樣子，就是該『退出』的時機了……它基本上是指：建立一個選擇加入（opt-in）的社會，最終獨立於美國之外，由科技統治。而這就是在矽谷實際發生的情況。這是我們未來十年的方向……例如，谷歌創辦人佩吉想要劃分出世界的一部分，供作不受監管的實驗。」這不只是一個自由放任主義者的幻想，而是提爾和佩吉想帶領世界到達的地方。提爾已為一個被稱為海上家園（seasteads）的構想提供財務支持，此構想為在沒有任何政府擁有管轄權的領土上，創造一座永久的人工島嶼。這些雲端事業可以藉由此類的人工島嶼逃避稅賦與監管。佩吉也針對私人擁有城邦的廣泛研究提供協助。但是，歐巴馬總統已對矽谷的領導者們發出警告，表示：

> 我想有時候科技圈、創業圈會帶給我們一種感覺，像是我們必須炸毀這個體系，或是創造與之平行的社會和文化，因為政府生來就無可救藥。不，政府並不是生來就無可救藥，只是必須照顧像是歸鄉老兵的這類國民，那不在你們的資產負債表裡，而是在我們集體的資產負債表中，因為我們有神聖的責任必須照顧那些老兵。而那是很辛苦又麻煩的事。我們正在建立可以延續到後代的體系，不能炸毀它們。

但這種共同的社會責任感不是自由放任主義教條的一部分，那些教條在許多方面是反民主的。正如班・塔諾夫（Ben Tarnoff）在《衛報》撰文指出，提爾之所以會受到川普的獨裁主義特質吸引，是因為「他會約束提爾所說的『不思考的人民』，也就是會節制資本主義的民主大眾」。

但就目前來說，科技資本主義受到的節制很少，這個新時代的壟斷獲利對少數幾個人非常有利。為美國富豪排序的《富比士》，其四百大富豪排行榜把比爾．蓋茲（Bill Gates）、賴瑞．艾利森（Larry Ellison）、賴瑞．佩吉、傑夫．貝佐斯（Jeff Bezos）、謝爾蓋．布林（Sergey Brin）及馬克．祖克柏列為前十大富豪。矽谷創投資本家暨 Y Combinator 執行長保羅．格拉罕（Paul Graham）於二〇一六年的部落格貼文中，公開表示贊成所得不平等。他寫道：「我已變成如何增進經濟不平等的專家了。我花費十年的努力這麼做，不只是藉由協助 Y Combinator 的兩千五百位創辦人募集資金，也撰寫文章鼓勵人們增進經濟不平等，並且提供詳細指導。」

科技億萬富豪不但已取得從鍍金時代（Gilded Age）以來僅見的強大政治和經濟權力，同時也掌握了文化權力。撰寫安德魯．卡內基（Andrew Carnegie）自傳的傳記作家大衛．納索（David Nasaw）曾說：「卡內基絕對無法想像祖克柏所擁有的那種權力。今日社會變遷的驅動力已經完全不是政府了。」而矽谷的自由放任主義意識形態已經滲透到流行文化中。正如《紐約時報》影評人史考特（A. O. Scott）指出，在當前的超級英雄電影幻想中，有著這樣的現象：

主流意識形態是一種宇宙主宰式的自由放任主義，它鼓舞美國統治階級中最放言無忌的部分人士。超人做的是善事，而且他們知道什麼對我們好，他們從來不需要優柔寡斷的機構——警察、新聞媒體、政府——告訴他們該怎麼做，而是需要大眾的支持和感激，當他們得不到這種肯定時，可能會有點生氣。

祖克柏和佩吉希望我們感激，因為他們會讓我們相信，他們帶來史無前例的創新，不只將改善他們的生活，也無可避免地將改善所有地球公民的生活。但這是真的嗎？經濟合作暨發展組織（Organization for Economic Co-operation Development, OECD）的統計資料，卻訴說著不同版本的故事：經濟成長正大幅趨緩，已開發國家的不平等正在逐漸升高。有別於二十世紀的創新循環（電子、通訊、運輸）所刺激之百分之六以上的成長，數位革命帶來的是已開發世界不到百分之二的成長與不平等的升高。經濟學家保羅・克魯曼在評論羅伯特・戈登（Robert Gordon）的著作《美國成長的起落》（*The Rise and Fall of American Growth: The U.S. Standard of Living Since the Civil War*）中指出：「戈登認為大多數美國人未來的生活水準極有可能會出現停滯，科技進步而帶來之減緩效應將會因為一連串『逆風』而增強：不平等升高、教育水準的高原期、人口老化及其他因素。」如果愈來愈占優勢的科技業壟斷不斷吸聚獲利，這個過程不但正在消滅中產階級的工作（想想機器人和自動駕駛貨車車隊），也可以預見科技決定論者的道路終將導致嚴重的社會動亂。

二

我們正困在米爾頓・傅利曼和艾茵・蘭德在一九五〇年代創造的自由放任主義經濟與個人理論中。傅利曼認定：「企業僅有一個社會責任，就是增加獲利。」蘭德則表示，個人「達成你的快樂是人生唯一的道德目的」。直到一九七〇年代末，這些理論一直被視為反動派的痴人妄想。一篇刊載在《新共和》（*New Republic*）上的評論，針對蘭德的文集《資本主義：不為人知的理想》（*Capitalism: The Unknown Ideal*）大肆批評，把蘭德形容為「戴著公社兜帽的大蜜蜂，最大聲也最可笑地在整本荒誕至極的書中嗡嗡叫」。但是自從雷根當選以來，這些自由放任主義原則已經在華盛頓特區贏得意識的戰役，此後國家應規範自由市場的概念，在共和黨與民主黨政府內雙雙失勢。也許是二〇〇八年的經濟大衰退，讓許多人意識到這種哲學對文化和政治來說都是一條死路，但我們似乎缺乏政治和文化的意志來導引社會到一條新途徑。榮獲諾貝爾獎的經濟學家約瑟夫・史迪格里茲（Joseph Stiglitz）認為，我們必須重新思考蘭德與傅利曼的自由放任經濟學：「如果市場的基礎是剝削，自由放任的合理性就消失了。在這種情況下，對抗頑強勢力的戰役不僅是為了民主而戰，也是為了效率與共同榮景而戰。」

重要的是，不要事先假設這場我們正在經歷的科技革命只有一個無法避免的結果。我想起前英國首相瑪格麗特．柴契爾（Margaret Thatcher）在談到其開放管制和為富人減稅計畫時常使用的口號：「別無選擇」（There is no Alternative, TINA）。但歷史是人創造的，而不是公司或機器。數位時代的強盜大亨告訴我們，現在一切都不一樣了，他們有資格獲勝是因為自己夠聰明，懂得拋棄傳統智慧與擁抱破壞。但文化及藝術不是舊型掀蓋式手機，一旦被下一個大事物（Next Big Thing）「破壞」後就該丟進垃圾桶。文化因為沿續而昌盛，正如皮特．西格（Pete Seeger）曾說：「每個作曲者都只是鏈條的一個環結。」

我景仰的作家，已故的加布列．賈西亞．馬奎斯（Gabriel García Márquez）為藝術家在社會裡的角色作了最佳典範，他的一生和作品，都突顯出拒絕相信我們無法創造更公平的世界。烏托邦現在已經失寵，但是馬奎斯從未放棄相信文字能召喚不可思議與激發想像的轉變力量，他也教導我們區域主義（regionalism）的重要。在千篇一律以商業掛帥的文化裡，你可以在上海的一家商場裡逛街，並忘記你並不身處洛杉磯。馬奎斯的作品明顯是屬於拉丁美洲的，就像吉貝托．吉爾（Gilberto Gil）的歌曲或阿利安卓．崗札雷・伊納利圖（Alejandro González Iñárritu）的電影一樣獨特。在像我們這種提倡「熔爐」哲學以掩飾差異的文化裡，了解「容許我們的差異變成障礙」不同於「欣賞讓各文化變得獨一無二」、「與特定人群的時空相連結的事物」是很有價值的。此外，年輕藝術家必須有馬奎斯所讚揚的歷史感，他說：「我無法想像有任何人會想寫一本對過去一萬年的文學一點模糊概念都沒有的小說。」文化失憶症只會帶來文化衰亡。如果獲得國家幫助的大學生都是電腦工程師，我們的文化勢必會喪失一些東西。

但是，谷歌、YouTube 及臉書對待文化事物有如商品——點擊誘餌（click bait）。學者詹姆士・德隆（James Delong）表示，谷歌的首要任務是把世界的媒體商品化：

> 在大多數情況下，希望創造商品化的人，因為知道必須在系統中保留足夠的金錢，以支持輔助系統的創造，故會有所節制。谷歌所處的地位不同，它的主要輔助系統已經存在，亦無須擔心短期的持續流動。就內容來說，我們有累積數十年的音樂和電影可以數位化，使之流通，並附上廣告（和側寫資料）。取之不盡的豐富作品等著被數位化，包含書籍、地圖、視覺藝術等。如果這些都用盡了，谷歌和其他網路公司已經想出使用者創造內容與社群網站的概念，讓使用者互相買賣，然後附

上更多的廣告（並進行資料探勘）。因此整體來看，即使谷歌坐視輔助系統供應商如魚困淺灘作困獸之鬥，仍然可以大賺特賺。

要了解這種根本上的改變將如何影響所有的藝術家，我想把焦點轉到一九六〇年代末期，我當時正任樂隊合唱團的巡迴經理人，偶爾也為巴布・狄倫工作——只要能夠配合他不食人間煙火的生活方式。現在，每當有音樂人抱怨自己受盡YouTube或Spotify的氣時，眾人的標準反應往往會像這樣：「噢，音樂產業一向這麼糟蹋音樂人，有什麼稀奇的？」但這完全不是事實。音樂產業在一九六〇年代和一九七〇年代表現得可圈可點，每個人都有錢賺，藝術家投資的時間與心血都獲得應有的報酬，唱片公司是真的在協助你建立職涯。每個藝術家都能利用唱片公司的全球流通網，進而藉發行許多唱片培養生涯。今日的音樂產業已經大不相同了，正如音樂家大衛・拜恩（David Byrne）在《紐約時報》社論專欄中闡述：「現在應該是音樂最偉大的時期，有比以往更多的音樂被發現、創造、流動和欣賞……每個人應該歡欣鼓舞，但是有許多創作、表演及錄製音樂的人並非如此……我自己還過得去，但是我為想出頭的藝術家擔心：他們要怎麼靠音樂過活？」

如果我們要為數位經濟建立道德架構，就必須回答這個問題。

| 第二章 |

李翁的故事

有時候好光景無法持久。

——李翁．赫姆（Levon Helm）

一

一九六九年五月初，我已完成普林斯頓大學（Princeton University）的畢業考，而且沒有留下來參加稍晚舉行的畢業典禮。我的父親，這位對我進入普林斯頓大學投注許多心血的前普林斯頓人，三年前因為癌症過世，享年五十八歲。他是一位反托拉斯訴訟的律師，代表油田服務業巨人德瑞瑟工業（Dresser Industries）等壟斷事業與政府爭訟，我從未問過他對自己的人生選擇是否感到滿意。我急著前往洛杉磯，因為我之前就已經開始為樂隊合唱團工作，並替他們在日落廣場（Sunset Plaza）的山上設立了一間錄音室。我對自己的生涯沒有長遠的打算，但是五月底跟隨羅比・羅伯森（Robbie Robertson）和李翁・赫姆（Levon Helm）到小山米・戴維斯（Sammy Davis Jr.）的游泳池宅邸「墊子」（裡面有一張巨大的床，天花板上鑲嵌著鏡子）時，我覺得自己在恰好的時機來到恰好的地方。

羅比和李翁為我彈奏我先前離開前去補修課程的三個月期間所錄製的歌曲，第一首是〈那一夜他們壓下南方聯盟的氣焰〉（The Night They Drove Old Dixie Down），在歌曲結束時，我早已淚水盈眶。詹姆斯・阿吉（James Agee）與沃克・埃文斯（Walker Evans）合著的《讓我們讚美名人》（*Let Us Now Praise Famous Men*）為我打開一扇窗，讓我得以一窺小佃農的生活，而〈那一夜他們壓下南方聯盟的氣焰〉就像那本書的音樂版。埃利奧特・蘭迪（Elliott Landy）為樂隊合唱團所拍攝的唱片黑白照，也提到埃文斯的作品。這首曲子讓我得以了解李翁的世界，並且一輩子牢記在心。那一夜後，我對南方的看法完全改觀。

一九六五年夏天，我已開始兼職擔任阿爾伯特・葛羅斯曼（Albert Grossman）旗下的巡迴經理人，當時他是音樂界最重要的經理人，負責的客戶包括彼得、保羅和瑪麗（Peter, Paul & Mary）、巴布・狄倫、保羅・巴特菲爾德（Paul Butterfield）、歐蒂塔（Odetta），以及吉姆・柯韋斯金壺罐樂團（Jim Kweskin Jug Band）。我在那個堪稱經典的七月週末，帶著吉姆・柯韋斯金壺罐樂團的吉他、斑鳩琴、小提琴和洗衣桶貝斯（washtub bass），跑遍紐波特民謠音樂節（Newport Folk Festival）現場，當時巴布・狄倫「彈奏電吉他」的行為，激怒了原有的民謠歌迷。接下來的六年，我為葛羅斯曼工作，先是擔任週末巡迴樂團管理人（roadie），讓我賺一點錢完成大學學業，然後從一九六九年春天開始成為樂隊合唱團的全職巡迴經理人。那年春天，他們在比爾・葛拉罕（Bill Graham）位於舊金山的溫特蘭德舞廳（Winterland Ballroom）第一次登台。

一九四〇年五月，樂隊合唱團的鼓手李翁・赫姆出生於阿肯色州棉花田區，他的父親在一個名為「火雞抓」（Turkey Scratch）的小鎮，靠著一小塊土地維生。李翁從小生活在充滿音樂的環境裡，父親彈奏曼陀林，但更重要的是——他成長在音樂史上的關鍵時期中。李翁後來在一部我們所拍攝的電影《最後的華爾茲》（*The Last Waltz*）中解釋道：「那有點像是鄉村音樂的中段，所以可稱作是藍草（bluegrass）或鄉村（country）；而若是鄉村音樂混合藍調與舞蹈，就稱為搖滾。」因此李翁的青少年時期正值比他早五年左右，以貓王艾維斯・普里斯萊（Elvis Presley）、卡爾・帕金斯（Carl Perkins）及傑瑞・李・劉易斯（Jerry Lee Lewis）為代表的鄉村搖滾歌手世代崛起，讓仍然存在種族隔離的南方，有更多的聽眾有機會接觸藍調。後來李翁和妹妹開始在一個鄉村樂隊表演，然後與康威・特維提（Conway Twitty）搭檔擔任鼓手。他說他曾觀賞傳奇藍調口琴樂手索尼・博伊・威廉森（Sonny Boy Williamson）在阿肯色州西孟菲斯（West Memphis）的表演，一晚演出費是十美元。威廉森一定知道，除非你的運氣特別好，否則想要藉由演奏音樂發財是相當困難的。李翁最初的好運要歸功於一位來自費耶特維爾（Fayetteville）的樂手，名叫羅尼・霍金斯（Ronnie Hawkins），他延攬十七歲的李翁進入樂團。

羅比・羅伯森、加思・哈德森（Garth Hudson）、理查德・曼努埃爾（Richard Manuel）及瑞克・丹科（Rick Danko），後來相繼跟隨李翁進入霍金斯的樂團。他們一度與霍金斯拆夥，以李翁與鷹樂團（Levon and the Hawks）的名稱自立門戶，並在當時遇見了我的老闆葛羅斯曼。

一九六五年，巴布・狄倫在紐波特民謠音樂節表演後一週，葛羅斯曼辦公室的瑪麗・馬丁（Mary Martin）和丹・韋納（Dan Weiner）出現在澤西海岸（Jersey Shore）一家名為東尼商店（Tony Mart）的餐廳，告訴李翁與鷹樂團，巴布・狄倫希望他們支援在森林山運動場（Forest Hills Stadium）和好萊塢露天劇場（Hollywood Bowl）舉辦的兩場音樂會。一個只以〈有如滾石〉（Like a Rolling Stone）一首曲子在廣播節目裡稍獲名氣的歌手，能讓露天劇院一萬七千個座位坐滿的想法，實在讓人難以置信。對李翁與鷹樂團來說，民謠音樂世界有如平行宇宙，羅比・羅伯森必須說服李翁先與他一起去觀賞一場表演，同時讓樂團的其他人暫時留住路邊餐廳的工作。羅比・羅伯森和李翁前往紐約，與巴布・狄倫進行一天的排演，在場的還有風琴手艾爾・庫帕（Al Kooper）和貝斯手哈維・布魯克思（Harvey Brooks），並在森林山運動場的七千五百名歌迷前演唱。巴布・狄倫安撫民謠歌迷的妥協方法是，上半場由他親自以民謠吉他表演，接下來再帶著其他人上台結束一晚的演唱。

我第一次和李翁樂團見面，是在那一年的稍晚，他們十月於卡內基音樂廳表演時。巴布・狄倫將在森林山運動場所使用的方法如法炮製，先表演半場民謠，再和與李翁與鷹樂團表演下半場的搖滾。那場表演的音樂激烈、熱情又張狂——甚至危險。不像在紐波特民謠音樂節的表演（巴布・狄倫臨時與一個未經排演的樂團合作），這一次的音樂很緊湊，而且巴布・狄倫處於最佳狀態。他會在歌曲間穿插笑話，並在羅比・羅伯森獨奏美妙的吉他時全場蹦跳。瑞克和李翁表演了一段節奏，讓整個團隊的演奏充滿張力，演唱的曲目如〈瑪姬的農場〉（Maggie's Farm）、〈重回六十一號公路〉（Highway 61 Revisited）及〈有如滾石〉，達到巴布・狄倫錄音時從未有的水準。也許是因為卡內基音樂廳內隆重的氣氛，不過觀眾對革命性的新合成民謠曲風和搖滾威力都讚嘆不已。在葛羅斯曼位於格拉梅西公園的獨棟別墅裡，慶功宴的氣氛陶醉而愉悅，眾多賓客都想要親近巴布・狄倫及其團員——這些賓客包括安迪・沃荷（Andy Warhol）和艾迪・薩琪維克（Edie Sedgwick）。對李翁與鷹樂團來說，這無非是跨入藝術與搖滾新世界的一扇大門，如同霍金斯先前的承諾，他們已經開始「吃香喝辣」了。

但是好景不常。巴布・狄倫和李翁與鷹樂團開始全美巡迴表演後，民謠歌迷的反彈聲浪開始升高，搖滾表演經常會招來噓聲和「叛徒」的謾罵。對李翁來說，還有其他原因讓他感到洩氣，就是他已不再是樂團團長，而且難得有機會唱和聲。經過一年左右，他退出樂團，回到阿肯色州，樂團的其他人則與候補鼓手米奇・瓊斯（Mickey Jones）一同進行世界巡迴演出。最後在一九六六年春天，巴布・狄倫對同樣的表演與噓聲也感到厭煩了，於是結束巡迴演唱，回到位於紐約州胡士托（Woodstock）的家，不過陰霾的氣氛卻始終揮之不去。巴布・狄倫騎著凱旋牌（Triumph）摩托車在胡士托泥巴路上往「伊甸門」（Gates of Eden）奔馳，此舉無非是在向他的命運挑戰。無論是就文字層面或是譬喻上來說，摔車也許都並不令人感到意外。後來巴布．狄倫向《紐約時報》樂評家羅伯特．謝爾頓（Robert Shelton）描述那場改變他人生的意外，表示：「出事的那天早上，我已經三天沒睡覺了。」對我來說，那就像是一記警鐘，我趕緊把他從深淵裡拉了回來。因此，當巴布．狄倫在摯愛的妻子莎拉照顧下逐漸康復後，便退隱到孩子（三年生下三個寶寶）、繪畫及早期柔和音樂的世界裡。

鷹樂團的其他人則跟隨著巴布．狄倫來到胡士托，同時請求李翁回到樂團。李翁同意後，他們隨即改組樂團，而葛羅斯曼則承諾會為他們尋找錄音合約。羅比．羅伯森、瑞克．丹科及理查德．曼努埃爾都開始寫歌，追隨巴布．狄倫與他們成長時期熟悉的鄉村搖滾曲風。在胡士托，大家都稱呼他們是「樂隊合唱團」，他們便採用了這個名稱為樂團命名。葛羅斯曼兌現了他的承諾，與國會唱片（Capitol Records）達成交易，年輕的製作人約翰．西蒙（John Simon）受僱為樂隊合唱團製作第一張唱片。

二

樂隊合唱團的經驗，就是我說一九六七年音樂產業發展符合情況的例子。國會唱片提供約五萬美元的錄音成本，包括支付錄音室的費用和製作人微薄的薪資。樂隊合唱團花費一個月在錄音室裡錄製了十一首歌，完成一張名為《來自大粉紅的音樂》（*Music from Big Pink*）的專輯，專輯名稱取自胡士托外一間被樂隊當作排練錄音室的粉紅色房屋。這棟房子也是著名專輯《地下室錄音》（*The Basement Tapes*）錄製的地方。

國會唱片並不是唯一願意為音樂人冒險的唱片公司。葛羅斯曼辦公室也與錄製彼得、保羅和瑪麗專輯的華納兄弟唱片（Warner Bros. Records）關係良好。由莫．奧斯汀（Mo Ostin）當家的華納兄弟唱片，是對音樂人十分友善的公司，經營方式超乎常人想像。它與電視節目《唱片啟示錄》（*Vinyl*）和《嘻哈世家》（*Empire*）所描繪的陳腔濫調剛好相反。我擔任華納兄弟唱片行銷副總裁的友人榮恩．戈登史坦（Ron Goldstein）向我解釋道：

一九六九年，當我進入華納時，立刻對這家公司與優秀音樂人簽約的哲學嘖嘖稱奇，不管是否已經擁有大批歌迷，或者是否一定會賣出幾百萬張唱片，唯一重要的是簽下特別傑出，甚至是獨一無二的音樂人。無論是奧斯汀還是喬．史密斯（Joe Smith），簽下雷．庫德（Ry Cooder）、范迪克．帕克斯（Van Dyke Parks），或是藍迪．紐曼（Randy Newman），都不是出於利用他們來吸引其他音樂人的特殊目的。這個程序是自然發生的。但是，奧斯汀和史密斯，以及華納的所有人，在不久後都將清楚了解，這群音樂人對公司的價值與任何商業考量均無關，他們在更有成就的音樂人與媒體眼中都成了偶像，並為華納創造孕育偉大音樂的商譽。但應該同時說明的是，華納和重奏（Reprise）唱片公司也簽下許多以商業角度來看，相當成功的藝人，為我們行銷這些藝人和其音樂的能力創造信心。這是完美的組合。

為什麼這套做法在商業上也行得通？和蘭迪．紐曼的作品一樣，樂隊合唱團的《來自大粉紅的音樂》並不是很暢銷，這張專輯輪流在幾個大城市的調頻電台播放，包括舊金山、洛杉磯、紐約及波士頓，卻沒有登上暢銷排行榜前四十名。不過因為錄音的前期費用很低，樂隊合唱團在專欄發行後的第一年內就開始賺進版稅。但我自一九六九年春季，開始全職為他們工作時，隨著口碑傳到其他國家，以及喬治．哈里森和艾瑞克．克萊普頓（Eric Clapton）對這張唱片的公開稱讚，每季的版稅數字也跟著水漲船高。一九六九年夏季，樂隊合唱團發行第二張唱片，裡面收錄了部分他們的最佳代表作，包括〈那一夜他們壓下南方聯盟的氣焰〉和〈在跛溪鎮〉（Up on Cripple Creek）。這也讓他們展開巡迴演唱，其中包括溫特蘭德舞廳三場座無虛席的演唱會。接下來兩年，幾乎一直都在巡迴演唱。我不會試著美化一九六九年那段巡迴演唱的日子：雖然有許多樂趣，但是也有不少弊害。作為巡演負責人的我，每次都必須在徹夜狂歡派對後的早晨叫醒所有的樂團成員，所以經常與最喜愛派對的李翁和理查德吵嘴。

樂隊合唱團成員就是我所稱的中產階級音樂家，雖然不像滾石合唱團（Rolling Stones）或鮮奶油合唱團（Cream）於一九六〇年代末和一九七〇年代初那般日進斗金，卻也過著相當優渥的生活，足以讓李翁在胡士托買下一幢房屋和穀倉。但有些諷刺的是：一九六九年的音樂家會理所當然地認為，鼓手或歌手的報酬應該和作曲人相等——甚至還要更多。畢竟一張十一首曲子的黑膠唱片，作曲人的總版稅只有每張二十二美分，而表演者的版稅可能高達每張二．五美元。隨著巡迴演唱的歡樂開始消耗李翁、瑞克及理查德的生活，繼續為樂隊合唱團寫歌的人只剩下羅比．羅伯森，雖然《來自大粉紅的音樂》專輯中，只有半數的歌曲是由他所寫，但當錄製到第三張唱片時，當中所收錄的歌曲已幾乎都是他的創作。

此外，像樂隊合唱團這樣的團體還有一些「保險」——如果歌曲品質能夠維持，即使停止創作新歌曲，都還能持續獲得財務報酬。當雷射唱片（CD）於一九八〇年代初問世後，版稅還因為老歌迷購買樂隊合唱團的 CD 經典專輯而暴增，這些源源不絕的版稅收入，持續到二〇〇〇年奈普斯特出現為止。

之後，就結束了。

看到樂隊合唱團成員的版稅收入，從穩定的每年約十萬美元變成幾乎歸零，確實很嚇人，但是作曲人在數位時代的情況似乎好多了，雖然在一九六九年沒人料到會有這樣的發展。美國作曲家、作家和發行商協會（American Society of Composers, Authors and Publishers; ASCAP）與廣播音樂公司（Broadcast Music Incorporated, BMI）這兩個表演權組織（Performing Rights Organizations, PRO），持續為作曲人向種類繁多的場所收取費用。如果你創作的歌曲在酒吧、餐廳或零售商店，被製成罐頭音樂（Muzak）作為背景音樂播放，你會有收入；如果被用在廣告、影片或電視節目，你也會有收入；即使你的歌曲被其他歌手演唱，你還是會有收入。隨著用音樂來放鬆或刺激顧客的場所增多，作曲人的收入也隨之增加。遺憾的是，代表音樂表演者的組織只有美國樂手聯盟（American Federation of Musicians, AFM），而這個組織對數位文化的改變即將摧毀音樂產業卻視若無睹，即使到了今天，表演者的歌曲在廣播電台播放也不會有任何收入，除非歌曲也是他們寫的。

對樂隊合唱團的歌迷來說，版稅的分配不均已經變成爭議、憤怒及遺憾的焦點之一。一九九九年，李翁被診斷罹患喉癌，基本上已經無法再唱歌了。他寫了一本自傳表達對羅比・羅伯森不分享版稅作曲收入的憤怒。但在一九六九年至一九七一年之間，我每天待在胡士托，羅比・羅伯森每天早上起床就到工作室作曲，直至午餐時間為止，有時吃過午餐，他還會回去創作。而李翁和理查德則總是睡到日上三竿。對於我站在羅比．羅伯森這一邊，李翁也對我百般嘲弄。

李翁的醫療費很可觀，所以在二〇〇〇年初，他別無選擇地在自己的穀倉舉辦一系列稱為午夜漫遊（Midnight Rumbles）的演唱會。起初他只打鼓，並請朋友唱歌。最後他雖開始能唱一些歌曲，卻還是十分吃力。在這段李翁僅能勉強度日的期間，新世代的音樂團體繼續聽著樂隊合唱團的唱片，包括蒙福之子樂團（Mumford & Sons）在內。但是，愈來愈多的歌迷在盜版網站或YouTube上聽歌，李翁無法從這些來源獲得收入。當李翁在二〇一二年去世時，他的朋友在紐約市郊的伊佐德中心（Izod Center）舉辦慈善演唱會，好讓其妻珊迪．赫姆（Sandy Helm）得以保住胡士托的房子。這是網際網路革命所要付出的人命代價。

然而，現代知名的音樂部落客鮑伯．雷夫塞茲（Bob Lefsetz）卻宣稱，我們必須接受李翁的悲劇性現實：

> 到了二〇一五年，不僅唱片的營收減退，全世界的音樂產業已陷入一片混亂。沒錯，有幾個超級巨星靠著成功的唱片支持生涯，但其他人都只是表演者，注定一輩子得在舞台上工作。這種情況不會改變，這是新的現實。你可以錄製一張專輯，玩

得很開心，但是別期待有人購買或聆聽。聽眾想要的是體驗，磨練你的現場技巧勝過錄製高超的鼓聲，你的妙語如珠會比在錄音室達到的和聲效果來得重要。你正在倒退——退回一個表演者的身份。準備迎接巡迴表演的生活吧！

雷夫塞茲的意思是說，音樂家唯一能有收入的方式和十七世紀時一樣，就是租一個空間，鎖上門，要進來的人得付錢。然而，到了二〇二〇年，全世界將有六十億隻可以連線上網的智慧型手機，由數十億名樂迷組成的數位網絡降臨，對音樂人而言，必定是一片榮景。

三

雖然如曾在二〇〇四年寫過〈長尾理論〉（The Long Tail）文章的《連線》編輯克里斯・安德森（Chris Anderson）等專家都向我們保證，數位豐饒（digital abundance）意味著數位時代的戰利品將可用更民主的方式分配，但這個概念已被證明是一廂情願的自我欺騙。長尾只是迷思，當前的音樂產業就是明證，音樂產業有百分之八十的營收是由百分之一的內容所創造的。即使在早期由麥可・傑克森（Michael Jackson）的《顫慄》（*Thriller*）引領的暢銷金曲年代，百分之八十的營收也是由排行前二十名的內容所帶來的。因此，即使在不同的贏者全拿情況下，營收分配的藝術家人數仍比今天來得多。經濟學家指出，許多產業呈現贏者全拿的情況（包括避險基金業），而且已經明顯造成全球收入不均，但是數位媒體產業的情況似乎格外弱肉強食。在一個每一天、每分鐘都有四百小時的影片被上傳到 YouTube 的世界裡，過去被視為藝術（或至少是工藝）的東西被商品化，已成為無可避免的情況。儘管谷歌不斷宣揚靠 YouTube 致富的百萬富翁故事，但是流量統計數字卻訴說著故事的另一面。絕大多數 YouTube 影片的點閱次數不到一百五十次。

同樣的情況也發生在串流音樂產業，因為在二〇一二年廣告贊助服務商，如 Spotify，僅支付每首歌曲〇．〇〇四八美元予音樂人。即便有十萬人聽你的歌曲，你仍賺不到五百美元。YouTube 現在是支配全球市場的串流音樂平台，遙遙領先 Spotify 和幾乎所有其他的業者，但是它支付音樂人和唱片公司的費用，平均下來相當於每年每位唱片音樂使用者不到一美元。這是因為在 YouTube 網站上的盜版十分猖獗，嚴重到二〇一五年由銷售黑膠唱片所為音樂創作者創造的收入，超越在 YouTube 上數十億次的音樂串流，以及其他提供廣告贊助的串流業者所帶來的收入。二〇一五年，經過數年與盜版的對抗後，音樂人王子（Prince）接受訪問表示，網際網路「對任何想要賺錢的人來說已經不可能了」。

因此，李翁．赫姆的問題，到頭來也會是我們的問題。他能夠創造偉大的音樂，是因為他站在像羅伯．強生（Robert Johnson）、貝西．史密絲（Bessie Smith）、漢克．威廉斯（Hank Williams）、謬迪．華特斯（Muddy Waters）、梅貝爾．卡特（Maybelle Carter）、巴弟．哈利（Buddy Holly）及許多音樂人的肩膀上。其中有些人因為悲劇或自殘而英年早逝，但大多數人則快樂地安享天年。永續的文化是由許多能傳承創作的藝術家所創造的，我們珍惜走在前頭的藝術家們。優秀的電影導演會從他們推崇的電影引述短句，而且有一些活躍的藝術和文化社群仍然過著如文化歷史學家賈克．巴森（Jacques Barzun）描述為文藝復興的生活：「藝術家之間對工作、比較、爭論的那種狂熱興趣、反對與較勁，創造的熱火會把表演提升到超越一般水準。」參加傳統民謠音樂節就能了解，演奏和歌唱的音色為何會讓你如痴如醉。但是就像黑膠唱片、家庭音樂會及嬉皮文化其他面向的興起，它是典型「類比的」（analog）、從農場到餐桌（farm-to-table）運動的聲音版。偉大的電子音樂人與製作人布萊恩．伊諾（Brian Eno）曾在西非的放克（funky）類比錄音室工作，他開始質疑數位錄音存在的理由，因為拜自動調音所賜（容許工程師修正演唱者走音的科技工具），二流的演唱者都能變成主唱：「我們現在可以把一切東西數位化：我們可以把聲音數位化，讓節拍絕對完美；我們可以執行和復原一切。當然，所有聽眾喜愛的，大多都還是不藉由修正來變得完美的唱片。」科技的完美工具稱不上是人類的藝術。

在北卡羅萊納州尤尼恩格洛弗（Union Grove）舉辦的尤尼恩格洛弗老式小提琴年會（Union Grove Old Time Fiddlers' Convention）上，小提琴與斑鳩琴表演者把他們的音樂當作嗜好，大多數人有「白天的工作」，只會在週末演奏。但是這不表示今日的職業藝術家可以憑空發展他們的音樂。像肯德里克．拉馬爾（Kendrick Lamar）這樣激進的音樂人，顯然花費了很多時間聆聽前輩們的音樂——包括自由爵士音樂家桑．拉（Sun Ra）與查爾斯．洛依德（Charles Lloyd），但是他大多數的歌迷卻不知道這幾號人物。拉馬爾傳遞偉大的音樂給下一代，攸關永續文化的觀念。

我記得一九六九年的某個晚上，在李翁位於胡士托的家中，他嘗試著教導我這個年輕人音樂裡「慢」的概念。從許多方面來看，速度在搖滾中似乎很重要，像是小理察（Little Richard）的快速鋼琴和弦、查克．貝里（Chuck Berry）的《梅比林》（*Maybelline*），但李翁卻對可以多慢的速度演奏一首歌，而保持節奏持續不斷十分感興趣。他把《雷．察爾斯現場表演》（*Ray Charles Live*）專輯放上轉盤，播放〈被自己的淚水淹沒〉（Drown in My Own Tears）。這首歌的節奏慢得不可思議，鼓音和貝斯像是處在時間扭曲中，每個小節播送時，都彷彿抗拒著結束的到來。當然，〈被自己的淚水淹沒〉是藍調歌曲，但其緩慢誇大悲傷的程度，讓人不禁懷疑雷・察爾斯（Ray Charles）能否唱完整首歌。它讓我想到德米特里・蕭士塔高維奇（Dmitry Shostakovich）為其於一九七四年寫成之最後一首弦樂四重奏（第十五號）所下的演奏注解。每篇樂章都標記為慢板，他寫道：「演奏第一樂章時，要慢到讓蒼蠅在空中猝死，而聽眾則會因為無聊至極而離開音樂廳。」那就是〈被自己的淚水淹沒〉現場錄音的感覺。當察爾斯終於唱完歌曲時，聽眾都欣喜若狂。

李翁在那天晚上給了我一份禮物。但是當我們被現在猛烈的急迫感淹沒時，要如何保有這種歷史與文化的演進感？又要如何真正善用網際網路的控制去中間化，並且擴大我們知識寶藏的初衷？

也許答案有賴於了解網際網路的反文化根源。

| 第三章 |

科技的反文化根源

他以雙手對抗閃電。

——艾倫·凱伊（Alan Kay）

一

外面下著傾盆大雨，道格拉斯・恩格巴特（Douglas Engelbart）緊張地在台上踱步。四十三歲的他穿著清爽的白襯衫，繫著藍領帶，整齊分邊的頭髮夾帶幾縷銀絲，他看起來像是在美國太空總署（National Aeronautics and Space Administration, NASA）或國防部工作，如果過去幾年位於加州門洛帕克（Menlo Park）的史丹佛研究院（Stanford Research Institute, SRI）資助他追求未來發明的狂想也算的話，確實如此。

三小時內，演講廳將坐滿全世界最優秀的電腦科學家，都是為了參加一九六八年計算機協會（Association for Computing Machinery, ACM）與電機電子工程師學會（Institute of Electrical and Electronics Engineers, IEEE）的年度大會。計算機！對協會來說，人類尚未脫離工業時代，但他們的會員，卻即將進入資訊時代。恩格巴特將他所打造的系統稱為線上系統（oN-Line System, NLS），並在隨後一百分鐘的展示中，如為其撰寫傳記的作家提瑞・席爾瑞（Thierry Bardini）所言——向世界介紹「視窗、超文本、圖形、有效導覽、命令輸入、視訊會議、電腦滑鼠、文字處理、動態檔案連結、修改控制和即時編輯者協作」。但是，此刻沒有人有把握這個在日後被稱為「展示之母」（Mother of All Demos）的功能能否成功。恩格巴特幾天前才向美國太空總署的人表示，他將公開展示這套系統，對方規勸他：「也許你不告訴我們會比較好，免得它搞砸了。」恩格巴特的總工程師比爾・英格利許（Bill English）曾擔任劇場舞台經理，知道展示必須在觀眾進場前就準備好。不過那場展示真的很精采，聽聽恩格巴特怎麼說：

> 我們架設一台瑞士投影機，對準一面二十二呎的螢幕。我坐在位於舞台右側的一部赫曼米勒（Herman Miller）主機前，有螢幕、鍵盤、滑鼠及特殊鍵盤輸入裝置。我們設計了特殊電子元件，以接收從我的滑鼠、鍵盤和鍵盤控制的輸入，透過電話連線傳到史丹佛研究院。我們借用了史丹佛研究院實驗室的兩部微波器，距離大約三十哩；此外，還使用了史丹佛研究院屋頂上的兩具天線，一輛停放在天際線大道的卡車上還有四具，會議中心的屋頂上也有兩具。在舞台的主機上有兩架攝影機對準我的臉，其上還有一架攝影機，向下拍攝工作台的控制。在房間後面，英格利許控制著這些影像訊號，以及來自史丹佛研究院，可以傳進攝影機或電腦螢幕的兩條視訊信號。

當展示開始時，英格利許彷彿來自未來，「用雙手對抗閃電」，使聚集在會議中心的一千名觀眾感受到革命性的效果——就像伊果・史特拉汶斯基（Igor Stravinsky）的

《春之祭》（*The Rite of Spring*），但是沒有噓聲和離席。觀眾對這場徹底顛覆電腦所能之事的展示大感震驚，它不再是一台巨大的計算機，而是通訊與存取資訊的個人工具。

二

說賈伯斯、蓋茲、佩吉及祖克柏站在恩格巴特的肩膀上一點也不誇張，但恩格巴特對未來電算的願景卻與今日的現實大相逕庭。在進行展示之前，英格利許獲兩年前曾與凱西一同舉辦酸性測試的《全球目錄》發行人布蘭德參與協助。恩格巴特認為布蘭德可以協助將他的展示變成多媒體活動。凱西和布蘭德的 LSD 迷幻藥已經永久建立在舊金山，與佛萊德．泰納（Fred Turner）在著作《尋找新樂園：只用剪刀漿糊，超越谷歌與臉書的出版神話》（*From Counterculture to Cyberculture: Stewart Brand, the Whole Earth Network, and the Rise of Digital Utopianism*）中描述新公社主義者（New Communalists）的關聯。恩格巴特曾在史丹佛心理學博士吉姆．法狄曼（Jim Fadiman）的監督下，於先進研究國際基金會（International Foundation for Advanced Study）裡二度吸食 LSD 迷幻藥；先進研究國際基金會是灣區（Bay Area）的 LSD 迷幻藥學術研究中心，而 LSD 迷幻藥在一九六七年之前是合法的。吸食 LSD 迷幻藥的技客（Geek）夢想著未來，卻接受軍事工業複合單位的資助，很複雜。

《全球目錄》一篇以「**取得工具**」（Access to Tools）為題的文章，開宗明義地表示：「我們就是上帝，我們也許可以做好這個角色。」很大膽的宣言，這是某個教會嗎？不是，但聽起來像新公社主義者需要工具來創造一種個人認同，避免當代社會偏狹體制的箝制，那並不是容易的事。文章繼續介紹道：「一種由個人握有力量的世界正在崛起──個人將有能力自我教育、尋找靈感、塑造環境，和與同好分享冒險。」恩格巴特有這個願景，線上系統將為個人取得力量提供一項工具：使用者可以汲取世界的知識、創造激勵人心的內容，並與任何人分享。在舊金山的展示進行不到兩分鐘時，恩格巴特說：「如果在你辦公室裡的知識工作者有一台電腦顯示器，配備一台全天運轉的電腦，而且能立刻回應你的每個行動，你能從中獲取多少價值？」恩格巴特打造一台我們今日可以輕易辨認為現代網際網路裝置的原型，比蘋果麥金塔（Macintosh）早了十五年。

第二年，恩格巴特帶著一個史丹佛研究院的團隊前往位於新墨西哥州陶斯（Taos）北邊的喇嘛基金會（Lama Foundation）公社，因為布蘭德提議喇嘛基金會可以提供一種氣氛，就像約翰．馬可夫所寫：「創造線上系統的研究人員，和《全球目錄》賦予生命的反文化社群之間心智的交流。」陶斯外圍的土地有著各式各樣的另類社群，東晨星（Morningstar East）、真實營造公司（Reality Construction Company）、肉豬農場（Hog Farm）、新水牛（New Buffalo）及家庭（Family）只是其中幾個。喇嘛基金會經營者是巴克敏斯特・富勒（Buckminster Fuller）的門生史蒂夫・德基（Steve Durkee）和史帝夫・巴爾（Steve Baer），也是布蘭德的好友，他們忠實地依照富勒的圓頂結構設計來興建基金會的建築。

富勒相信社會需要的不是更專門化，而是被他稱為全面設計者的新類型通才。對富勒來說，人類生存的問題出在設計，而他認為「藝術科學家」可加以解決：

> 如果人類在宇宙的進化中得以持續作為成功的複雜機能模式，那將是因為下個十年將出現由藝術科學家承擔首要的設計責任，並且成功地讓使用工具的人類從殺戮轉變為進步的生活，以造福全人類。

當然，諷刺的是，布蘭德了解恩格巴特的研究背後資助，正來自於「殺戮」的根源——政府的國防高等研究計畫署（Defense Advanced Research Projects Agency, DARPA），這是直接針對蘇聯於一九五七年發射**史普尼克一號**（Sputnik 1）衛星而資助設立的研究計畫，目的是把軍方及其實驗室的技術擴大到短期和具體需求以外的新領域。它是一個極度扁平的組織，裡面有一百名科學家與一個差旅代辦單位，並針對主要大學的電腦科學實驗室提供經濟支援，進行可為美國在電腦和網路連結創造科技方面優勢的基礎研究。最早成功的計畫之一是網際網路的鼻祖——美國高等研究計畫署網路（Advanced Research Projects Agency Network, ARPANET），這是一九六二年在四所大學校園間發展，全球的第一個封包交換網路。

這是自由放任主義者無法了解的矛盾：網際網路的發明和資助來自於美國政府，並非我們今日所想的自由市場的產物，而是一些年輕創業家夢想的實現。它是一群學者辛苦努力的結果，對這些學者來說，股票上市籌集數十億美元並非他們的目的，相信他們的發明可以讓世界變得更美好。每一段程式碼——HTML、TCP／IP協定都不收取權利金，免費捐贈給美國高等研究計畫署網路。當然國防高等研究計畫署本身也有資助恩格巴特研究的理由，並與冷戰的偏執和核子攻擊後「生存力」的考量密不可分，但是與恩格巴特、布蘭德、文頓·瑟夫、提姆·伯納斯-李，以及一群共同創造網際網路的天才的目的和理想性無關。可是，最後與軍方的關聯卻導致恩格巴特的線上系統願景瓦解。

到了一九六九年，史丹佛研究院建築外的反戰示威每天發生。拜舊金山的成功展示，因而獲美國國防高等研究計畫署增加投資所賜，院內成長快速的研究團隊開始分裂成電腦技客派和反文化人道主義派。恩格巴特費盡心力讓這些派系保持和諧，嬉皮們會休假去靜修，而不邀請那些專注於美國國防高等研究計畫署科學家參加。一九七〇年，全錄（Xerox）僱用美國國防高等研究計畫署主管之一的鮑伯・泰勒（Bob Taylor），成立一家稱為帕洛奧圖研究中心（Palo Alto Research Center, PARC）的新實驗室。泰勒第一件事就是挖角線上系統的首席工程師英格利許，他們在數個月內組織一個團隊，其中包括日後創造出商業版恩格巴特願景的電腦科學家艾倫・凱伊（Alan Kay）。

恩格巴特的遺緒如此重要的原因是，他預見了電腦主要將用來作為擴大，而非取代人類能力的工具。對照之下，在我們目前的時代裡，大多數從矽谷流出的融資目標卻是要打造可以取代人類的機器。一九五三年麻省理工學院曾出現一段著名的對話——人工智慧研究之父馬文・閔斯基（Marvin Minsky）宣稱：「我們要讓機器有智慧，我們要讓它們有意識！」對此，恩格巴特回答：「你要為機器做這些事？那麼你要為人們做哪些事？」

三

恩格巴特對世界的願景即將被更商業導向的願景所取代，布蘭德開始與帕洛奧圖研究中心團隊往來，最後並為《滾石》（*Rolling Stone*）寫一篇文章，標題為「太空戰爭：計算機狂的狂熱生活與象徵性死亡」（Spacewar: Fanatic Life and Symbolic Death Among the Computer Bums）。文章開頭寫道：

不管你是否已準備好，電腦都將降臨人間。

這是好消息，也是迷幻藥問市以來最好的一件事。它已拋開「電腦——威脅或危險？」派天馬行空的批評，但是與諾伯．威納（Norbert Wiener）、華倫．麥卡洛（Warren McCulloch）、約瑟夫．卡爾．羅伯納特．利克萊德（Joseph Carl Robnett Licklider）、約翰．馮紐曼（John von Neumann）及萬尼瓦爾．布希（Vannevar Bush）等前輩科學家的浪漫幻想出乎意料地合拍。這股趨勢的茁壯要歸功於幾個古怪搭配的影響力：設計電腦科學的這批怪才，具備年輕狂熱和反對既有體制的思想、一個來自美國國防部最高層擬訂得極為開明的研究計畫、由小型計算機製造商意外推動的市場——銀行業務運動，以及風靡一時、被形容為午夜現象的電腦遊戲《太空戰爭》（Spacewar）。

布蘭德在上述文章中把網路電腦革命，直接與他在《全球目錄》提倡的反文化連結在一起，宣稱這個革命是「迷幻藥問市以來」最好的消息——他完全了解帕洛奧圖研究中心裡，充滿由美國國防部資助的電玩怪才。在東岸全錄總部的影像部主管幾乎要心臟病發作了，並且下令帕洛奧圖研究中心不得再接受記者採訪。但在博士候選人時期就已構思出第一台個人電腦雛型Dynabook的年輕領導者凱伊卻充耳不聞，對於被稱為帕洛奧圖研究中心的怪才感到非常自豪。凱伊真正的願望，是設計出採用恩格巴特基本概念的一台教育工具，但是特別強調圖形使用者介面（graphical user interface, GUI）。儘管面對來自部分帕洛奧圖研究中心管理階層的阻力，凱伊仍設法組織一個小團隊來打造第一台**真正的**個人電腦——Alto。它有一個滑鼠、一套與現代Mac電腦相似的圖形使用者介面、可以和其他電腦連線的乙太網路（Ethernet），再加上一台印表機。全錄的第一個反應是：「能不能提供四個人使用？」公司主管完全沒有抓到重點，它是一台個人通訊與創意裝置。第一場展示找來《芝麻街》（*Sesame Street*）的餅乾怪獸（Cookie Monster），一隻手拿著一塊餅乾，然後用另一隻手拿著字母C。凱伊知道，一年級的小學生就能操作有著簡單圖形使用者介面和滑鼠的電腦。

當時即將出任帕洛奧圖研究中心總監的約翰・西利・布朗告訴我，帕洛奧圖研究中心的哲學圍繞著兩項原則。第一，泰勒已把美國高等研究計畫署網路的核心原則帶到帕洛奧圖研究中心。正如布朗指出的：「去中間化是美國高等研究計畫署網路的基石，就像對單一城市的核子攻擊不能讓整個網絡癱瘓一樣。」帕洛奧圖研究中心所做的一切，從Alto到鮑伯・梅特卡夫（Bob Metcalf）的乙太網路架構，都是為了使一個去中間化的個人電腦網路可以有效運作而設計，這是嶄新的概念。第二個核心原則從凱伊的Dynabook產生。布朗表示：「Dynabook和後來的Alto，都是以賦予個人藝術創造力為目標的靈感。」當布朗開始為凱伊工作時，他用Alto來彈奏音樂，並和史丹佛的電腦音樂與聲學研究中心（Center for Computer Research in Music and Acoustics）合作。去中間化網路與個人創造力機器這兩項創新變成網際網路革命的核心，儘管這個革命極具價值，但被布朗描述為「長髮不穿鞋」的帕洛奧圖研究中心文化，還是與全錄有些格格不入。這種文化衝突不只是嬉皮與西裝革履，布朗解釋道：「全錄製造並販賣一套二十五萬美元、有三年保固的龐大機器，帕洛奧圖研究中心有什麼東西可以透過全錄的通路出售？沒有。」因此帕洛奧圖研究中心決定嘗試與蘋果合作。

幾乎所有關於賈伯斯於一九七九年十二月造訪帕洛奧圖研究中心觀看展示的故事版本都是錯的，這些故事通常僅以全錄完全不了解他們所發明的東西簡略帶過。先談談事件的背景狀況：蘋果已於一九七七年四月成功推出Apple II電腦，一炮而紅，一九七七年九月至一九八〇年九月的年度銷售，從七十七萬五千美元成長至一億一千八百萬美元，平均年成長率為百分之五百三十二。但是賈伯斯不因此滿足，他聽說全錄Alto與全錄達成一項交易，而他可以在交易中出售百分之五的蘋果股權，換取所有帕洛奧圖研究中心技術的授權。然而，帕洛奧圖研究中心主管對於這項進行中的股票交易並不知情，只知賈伯斯要前來帕洛奧圖研究中心，而他們須為其進行展示。這暴露出全錄管理階層的問題。

凱伊和團隊照著這項要求執行，但卻完全沒有「坦誠相待」。賈伯斯負氣離開，並致電全錄。第二天，賈伯斯再度上門，遭到斥責的帕洛奧圖研究中心團隊，這才向賈伯斯展示所有的內容。賈伯斯返回庫帕提諾（Cupertino），並召開董事會，表示已根據帕洛奧圖研究中心的架構打造一台新電腦，但是不會與既有的 Apple II 相容。董事會認為賈伯斯瘋了，但是賈伯斯運用他的魅力——「現實扭曲力場」（reality distortion field）來貫徹做法。全錄取得蘋果股權，而蘋果則於一九八〇年十二月以每股二十二美元公開上市，讓全錄的持股價值立刻上漲到數百萬美元。

採用帕洛奧圖研究中心架構的第一台電腦 Lisa 在商業上遭遇挫敗，不過賈伯斯於一九八四年超級盃（Super Bowl）期間，史無前例地搭配廣告推出麥金塔電腦，一個眾人期待的未來願景終於開始實現。然而，全錄的悲劇是，兩年後全錄財務長賣出所有的蘋果持股。想像持有百分之五的蘋果股權，對一家公司代表什麼？代表現在持股的價值約三百二十億美元。一九八五年麥金塔推出後，微軟很快就推出視窗（Windows）這套完全模仿麥金塔的系統。蘋果擁有的所有優勢很快地消失，賈伯斯也被迫離開公司。

賈伯斯隨即藉由設計一台名為 NeXT 的新電腦，對舊東家展開報復。不久後，一位二十九歲的英國工程師伯納斯－李擔任了歐洲核子研究組織（Conseil Européen pour la Recherche Nucléairt, CERN）的職務。這時候的網際網路，純粹是連結世界各地物理學家的學術研究網路，提供他們分享研究文件，而歐洲核子研究組織則是最大的歐洲網絡節點。隨著網路日漸受到歡迎，尋找文件變得愈來愈困難，因此伯納斯－李開始研究超文本（Hypertext）的概念，以供研究人員在參考書目中直接和其他文件連結。巧合的是，他和賈伯斯殊途同歸地來到全球資訊網誕生的時刻。

一九八八年底，伯納斯－李在歐洲核子研究組織的上司麥克・森德爾（Mike Sendall）購入了一台 NeXT 來進行評估。幾個月後，伯納斯－李便向森德爾提出了結合超文本與網際網路的想法。森德爾批准了這項提議，並把那台 NeXT 交給伯納斯－李進行試驗。伯納斯－李的同事羅伯特・卡里奧（Robert Cailliau）分享了以下的故事：

> 伯納斯－李在 NeXTStep 上執行的原型僅花費幾個月就完成了，這要歸功於 NeXTStep 軟體開發系統的品質。這台原型提供所見即所得式（WYSIWYG）的瀏覽／作者查詢功能！目前用來「上網瀏覽」的網路瀏覽器只有被動式視窗，使用者無法編寫文字。伯納斯－李和我在歐洲核子研究組織共進自助餐時，試著為這套系

> 統取一個吸引人的名稱，我認為這個名字不應該再從希臘神話裡挑選……伯納斯－李提議命名為「全球資訊網」（World Wide Web, WWW）。我很喜歡這個名字，除了它很難用法文發音以外。

全球資訊網改變了一切，而賈伯斯的「所見即所得」介面，協助了它的實現。超連結和開放取用（open access）變得更加容易。不過對伯納斯－李來說，今日回顧全球資訊網的誕生時卻有一些遺憾。全球資訊網的建立是為了權力的去中間化與創造開放取用，但他指出：「流行和成功的服務（搜尋、社群網路、電子郵件）都達到近乎壟斷的地位，雖然產業領導廠商往往會刺激有利的改變，但我們必須對權力集中保持戒慎。」注意其謹慎的措詞：他並沒有指名谷歌和臉書。伯納斯－李沒有因為他的發明而致富，而是將它免費送給世界，因此必須繼續仰賴大公司提供研究經費。

四

大約在伯納斯－李創造全球資訊網的同時，布蘭德也正在設立全球電子連結。全球電子連結在一九八五年設立時，包含全球（Whole Earth）辦公室的一台電腦、一大群灣區的電腦迷可以透過撥接式數據機連線，並且針對許多主題進行即時文字對話。一九七二年，布蘭德在《滾石》的一篇文章中稱這些電腦迷為「駭客」（hackers），他說：「駭客是這門科學的技師，這是一個嘲弄的詞彙，也是終極的讚美。他們將人類的需求翻譯為機器能理解，並據以行動的程式碼。他們是一支大軍，擁有能力強大新玩具的狂熱分子。」早期的全球電子連結宗旨對智慧財產權有明確的規範，並顯示在登入畫面上：「你擁有自己的文字，這表示你為自己張貼在全球電子連結上的文字負責，身為作者的你，可以挑戰未經你允許，而在全球電子連結會議系統外複製這些文字到任何媒體的人。」

不過，一九八九年發生一件奇怪的事。「駭客倫理」的概念變成爭議的主題。爭議始於由《哈潑雜誌》（*Harper's Magazine*）在全球電子連結主持的一個線上論壇，主題為駭客行為，而《哈潑雜誌》的編輯保羅・塔夫（Paul Tough）徵召布蘭德和幾位最重要的全球電子連結成員參與討論，包括霍華德・瑞格德（Howard Rheingold）、凱文・凱利及約翰・佩里・巴洛（John Perry Barlow）。一臉鬍髭、喜歡穿著牛仔花襯衫的巴洛有著道地的美國人性格，他是破產的懷俄明州牧場主人、前天主教神祕主義者與前死之華樂團作詞者，同時也是認為早期網路就像美國新偏遠地帶，如懷特・厄普（Wyatt Earp）的墓碑鎮（Tombstone）那樣，沒有法律狀態的擁護者。巴洛希望保持那樣的狀態，但他對駭客是反文化歹徒的浪漫想法，即將面對更真實與更危險的未來。

由於是駭客的論壇，《哈潑雜誌》的編輯邀請兩位真正的駭客參加討論，兩人分別化名為艾西德．佛瑞克（Acid Phreak）和菲伯．歐普提克（Phiber Optik）。對駭客定義的辯論很快就形成熱議，特納在《尋找新樂園》中描寫當時的情況：

> 在全球電子連結的常客……如巴洛的眼中，駭客是模控（cybernetic）的反文化主義者，致力於藉由任何必要的電子手段，建立更開放的新文化。對佛瑞克來說，駭客是入侵的藝術家，致力於探索與利用封閉系統，特別是企業系統的弱點。

巴洛不斷堅持電腦網路像是一座位在懷俄明州的小鎮，人們從不鎖門，但是佛瑞克完全沒有這樣的想法。在一股年輕人特有的激憤之下，佛瑞克侵入巴洛的信用報告，並將它張貼在全球電子連結上。現在年輕的駭客讓巴洛上鉤了，他想和對方見面，也許他的傑西．詹姆斯（Jesse James）式[1]幻想與這些年輕人會有密不可分的關係，但是結局卻不如理想。一九九〇年一月二十四日，美國特勤局（Secret Service）突擊佛瑞克及其母親的住處。當天晚上，佛瑞克、歐普提克和第三名駭客——天蠍座（Scorpion）都被關進紐約市監獄，被控以入侵 AT&T 主電腦系統的罪名。

這件事促成布蘭德、巴洛與他們的公社同伴改變宗旨，他們沒有重新調整駭客倫理以符合初始的目標，反而欣然接受犯罪者所犯下的，實際上是不存在受害者的罪行。對AT&T而言，這種說法當然不中聽，因為該公司必須花費數百萬美元修復系統。巴洛著手成立電子前哨基金會（Electronic Frontier Foundation, EFF），而這個基金會至今從未遇過無法防守的駭客，這些年輕人不再保衛智慧財產權——他們聲稱「資訊想要自由」。但這當然是謊言，正如科幻作家科利．多克托羅（Cory Doctorow）指出：「資訊想要什麼，完全與網際網路、創意產業或平等社會無關。資訊並非實體，它不會『想要』任何東西。」即使是最激進的矽谷自由放任主義者提爾也不相信「資訊想要自由」的鬼話，他表示：「每一家偉大的企業都是從外界不知道的祕密中創造的。」電子前哨基金會是當前時代的象徵，一個駭客意識形態壓倒常識的時代，這群人已經離譜到願意為被法院下令關閉的「報復色情」（revenge porn）網站站主辯護。

最後，布蘭德為了企業顧問這個新使命而放棄他的公社夢，他在全球電子連結嚐到社群網站的威力，如果一家公司可以贊助一個線上社群，就能說服顧客公司正在參與社會，而非從事經濟活動，公司就可藉此提高顧客忠誠度與獲利。從這種洞察中湧現的，是全球企業網路（Global Business Network）。忘掉回歸土地，在《財星》（*Fortune*）五百大企業的辦公室裡宣揚這種全球訊息就能淘到黃金，企業對網路的征服已經開始了。

1 編注：傑西．詹姆斯是美國家喻戶曉的江洋大盜。在民粹主義和激進時代中，他被喻為美國羅賓漢，是正面的反叛象徵。

| 第四章 |

自由放任主義的反叛亂

我們正處於在一場政治與科技的生死競賽中。

——彼得．提爾（Peter Thiel）

一

喬治・吉爾德（George Gilder）的運氣一直不佳。一九七二年，在空調故障的悶熱辦公室裡，像豬一樣汗流不止的他，為競選紐奧良市長失敗，卻自認可能成為下一屆路易斯安那州參議員的班・托利達諾（Ben Toledano）工作。三十三歲的吉爾德畢業於菲利普艾斯特學院（Phillips Exeter Academy）和哈佛大學（Harvard University），也是納爾遜・洛克斐勒（Nelson Rockefeller）與理查・尼克森（Richard Nixon）的講演撰稿人。托利達諾在三年前放棄支持極右派的種族分離政策的路易斯安那州權黨員資格後，才加入共和黨。由於托利達諾每天只能支付吉爾德四小時的工資，所以這個年輕人每天下午和晚上都有大把時間懷疑人生。在憤怒與自憐的煎熬下，他得出自己的不幸全都要怪罪於女性運動的結論。因此，吉爾德開始撰寫一本名為《性自殺》（*Sexual Suicide*）的書，以喚醒美國人認識女性運動的毒害。《柯克斯書評》（*Kirkus Reviews*）的一篇評論中談到吉爾德的主題：

> 女性解放運動及其目標——自願性墮胎、托兒中心、同工同酬，將使所有人類同歸於盡。任何讓女性走出家庭的事務，將加深男性的無用、無能和無根的感覺；奪

走男性長期以來扮演保護者與供養者的角色，將使他轉向毒品、色情、搶劫、強暴及殺戮。

對吉爾德來說，一切都很簡單。福利和女性主義已使男性變成附屬品，不再是狩獵者－採集者（hunter-gatherer），而是廢物。隨後，吉爾德發現，發表激憤的宣言正是讓他自己從在紐奧良蟄伏的洞穴中脫困的必要方法，全國婦女組織（National Organization for Women）將他評選為年度男性沙豬，而威廉．巴克利（William F. Buckley）則邀請他上《火線》（*Firing Line*）節目。吉爾德決定讓自己變成「美國頭號反女性主義者」。

然而，僅僅成為反女性主義者，並不能滿足吉爾德的野心，他開始為《華爾街日報》撰寫有關供給面經濟學理論的評論，那是保守派的茱德．萬尼斯基（Jude Wanniski）和阿瑟．拉弗（Arthur Laffer）對已成為主流思想的凱因斯需求面經濟學所作的回應。萬尼斯基和拉弗深信，高稅率與政府監管是成長最大的阻礙，會妨礙資本形成和投資。他們宣稱，如果降低稅率並減少監管，富人將會進行更多投資，因此能以低價生產更多的產品，進而刺激需求。這些都包裝在吉爾德所撰寫的《富裕與貧窮》（*Wealth and Poverty*）一書裡，並於一九八一年雷根政府上任時出版。

當時經濟已度過七年慘澹的停滯性通膨，就是混合高通貨膨脹與成長停滯的惡劣情況。「大政府」是問題根源的概念，變成雷根競選的基調，吉爾德的著作與雷根的想法相投，認為美國的病根是「福利女王」（welfare queens）。吉爾德在一九九四年的一篇受訪文章中表示：「所謂的『窮人』是被美國的過度繁榮所害，他們需要的是由教會所教導的基督教義……嚴格來說，我們沒有貧窮問題，有的是急迫的家庭破裂和道德敗壞問題。」吉爾德開始推崇一套由拉弗等人宣揚，但實際上是蘭德所啟發的標準，也就是毫不掩飾的「生產者與攫取者」（the makers and the takers）概念。他們自稱為自由放任主義者，並開始想像由光纖與個人電腦等新科技所推動的經濟——沒有政府監管，也不必繳稅。

二

十六歲的西洋棋神童提爾厭倦了在加州福斯特市（Foster City）的高中生活，對自由放任主義的熱潮十分著迷。《紐約客》的喬治．派克如此形容這號人物：

> 他成為數學神童和全國名列前茅的西洋棋手；棋盤盒上的一張裝飾貼紙，寫著他的座右銘：「天生贏家」（Born to Win）。（他在大學難得輸棋時，會把棋子從

棋盤上掃落，然後說：「甘心落敗的人沒出息。」）在少年時期，他最喜愛的書是《魔戒》（*The Lord of the Rings*），反覆看了無數次；後來則變成亞歷山大・索忍尼辛（Aleksandr Solzhenitsyn）和艾茵・蘭德的書。

和吉爾德一樣，提爾也對女性主義感到憤恨不平。當提爾以史丹佛研究生的身分出現時，他對這個主題的觀點與吉爾德已經很接近了。幾年後，吉爾德回報提爾的稱讚，正如《富比士》專欄作家拉爾福・班可（Ralph Benko）指出：「吉爾德據說是世界上最聰明的人，最近他在華盛頓特區的晚餐餐會中告訴我，提爾是世界上最聰明的人……多多留心此人。」後來提爾在演講中解釋他創立《史丹佛評論》（*Stanford Review*）的原因，就是為了對抗校園裡的女性主義和政治正確風氣。他在卡托研究所（Cato Institute）網站上發表激烈的聲明：「從一九二〇年以來，福利受益人大幅增加與女性的公民權擴大，這兩類選民都是以強硬對待自由放任主義者而惡名昭彰，並使『資本主義民主』的概念變成矛盾詞彙。」

與提爾一起在《史丹佛評論》工作的自由放任主義者，還包括大衛・薩克斯（David Sacks）等人，該刊物鼓勵讀者測試言論自由的極限。提爾在法律系的朋友凱思・拉布斯（Keith Rabois）決定貫徹這個想法，方法是站在他的教授宿舍外反覆大喊：「死娘炮！

死娘炮！希望你死於愛滋病。」大學社群裡沒有人敢出聲，最後拉布斯遭到退學。提爾和薩克斯在兩人合著的《多樣化的迷思》（*The Diversity Myth*）一書中為拉布斯辯護道：「他的表現直接挑戰最基本的禁忌之一，指出同性戀行為與愛滋病的相關性，暗示多元文化主義者最愛的生活方式之一較容易感染這種疾病，以及並不是所有的生活方式都一樣好。」該書於一九九五年出版，比提爾公開宣布自己是同性戀者早了十年，書中大肆謾罵史丹佛校園的同性戀文化和種族與性別多樣性，以提爾的用語來說是「多元文化」，他寫道：「多元文化的存在將會摧毀西方文化，而這種摧毀已經在殘忍又全面地進行了。」一位同性戀者痛斥多樣性，這種極度的矛盾，正是我們了解提爾和他即將帶領之革命的關鍵。

提爾的哲學偶像是蘭德，而蘭德的第一本重要小說是《源泉》（*The Fountainhead*），描述個人主義者建築師霍華．洛克（Howard Roark）的故事，他被描寫成奮勇對抗大群暴民的超人。蘭德宣稱，她認同一九三七年一小群反對富蘭克林．羅斯福（Franklin Roosevelt；多稱為小羅斯福）的死硬派，如亨利．路易斯．孟肯（Henry Louis Mencken）和艾爾伯特．傑伊．諾克（Albert Jay Nock），這些人正是最早使用**自由放任主義者**（libertarians）詞彙的人，而《源泉》與蘭德後來的小說《阿特拉斯聳聳肩》

（*Atlas Shrugged*）則成為自由放任運動的聖經。自稱為美國自由聯盟（American Liberty League）這個反小羅斯福的最大團體，被撰寫蘭德自傳的傳記作者珍妮佛・伯恩斯（Jenifer Burns）描述為「一個富商的祕密社團，希望擺脫政府對大眾的控制」。和筆下的英雄洛克一樣，蘭德相信個人應該「為自己的理由而存在，既不為他人犧牲自己，也不讓別人為自己犧牲」。最後，蘭德形成一套近乎弗里德里希・尼采（Friedrich Nietzschean）權力意志（will-to-power）的哲學，並將它傳揚給提爾等追隨者。《源泉》裡的幾句對話可完美表述這種觀念：

> 「你是在告訴我，你正認真思考用哪種方式建築，若將來某天你成為建築師的話？」
>
> 「是的。」
>
> 「我親愛的朋友，誰會允許你這麼做？」
>
> 「這不是重點。重點是，誰會阻止我？」

「誰會阻止我？」已經變成網際網路破壞者的中心教義，從提爾的 PayPal，直到特拉維斯・卡拉尼克（Travis Kalanick）的 Uber，莫不如此。

三

蘭德的理念不僅激勵諸如提爾此類的人，也在美國最高的政治機構中找到歸宿。眾議院議長保羅・萊恩（Paul Ryan）對《標準週刊》（*Weekly Standard*）說：「我把《阿特拉斯聳聳肩》當成耶誕禮物發送，要求所有的實習生閱讀。」萊恩在一段影片中表示：「蘭德在解釋資本主義的道德、個人主義的道德上，比任何人都做得更好，而這對我來說是最重要的事。」但是克魯曼寫道，共和黨菁英「太過於篤信蘭德關於創造就業的英雄相對於好吃懶做者的故事，以致於不敢承認涓滴經濟學[1]（trickle-down economics）也可能無法創造好就業，或者有時候政府援助是很重要的救濟管道」。

提爾不相信利他主義與合作的概念，他和蘭德筆下的英雄一樣，完全相信「達成你的快樂，是你生命中唯一的道德目的」。他不只是個好生意人，更值得一提的是，他在史丹佛拿到的是哲學學位，而不是商學學位。從一開始，PayPal 就被宣稱是一個自由放任主義哲學的計畫，藉由提供線上支付的替代方法，來破壞信用卡銀行體系的努力。PayPal 也致力於避免政府干預，提爾不相信監管、納稅或保護著作權等行為。此外，PayPal 也孕育出數家由 PayPal 幫年輕人經營的新創公司，包括 YouTube、LinkedIn、Yelp、帕蘭泰爾技術公司（Palantir）及許多其他的公司。

我們必須了解的是，雖然自由放任主義哲學可能在美國政治上被視為邊緣運動，以榮・保羅（Ron Paul）的追隨者為代表，但它已變成矽谷與共和黨的主流經濟哲學，而這要歸功於科克（Koch）兄弟。自由放任主義者相信自由市場的優越性是萬物的自然秩序，但在現實中卻只是「想像的秩序」，正如歷史學家尤瓦爾・諾爾・哈拉瑞（Yuval Noah Harari）在著作《人類大歷史：從野獸到扮演上帝》（*Sapiens: A Brief History of Humankind*）中將之定義為：我們用來引發合作的共同神話。「為了確保一個想像的秩序，」哈拉瑞寫道：「持續且熱烈的努力不可或缺。」亞當・斯密的「看不見的手」已不再是自然或物理法則，就像摩西十誡那樣。

當然提爾對資本主義與民主不相容的評論，指向一個為查爾斯・科克（Charles Koch）所玩弄、更黑暗的自由放任主義狂熱教派，有時候也被稱為無政府資本主義（anarcho-capitalism）或舊自由放任主義（paleo-libertarianism），它的兩大思想家是莫瑞・羅斯巴德（Murray Rothbard）與漢斯－赫爾曼・霍普（Hans-Hermann Hoppe）。霍普撰寫了一本名為《民主：失敗的上帝》（*Democracy: The God That Failed*）的著作，主張我們必須恢復更獨裁的政府形式，以下是他的論點：

> 在美國，充分發展不到一世紀的民主已導致道德持續低落，家庭和社會瓦解，離婚、文盲、墮胎和犯罪比例的持續升高，展現了文化的衰亡。法律上不斷增加的「平權措施」，以及禁止歧視、多文化、平等主義移民政策，導致美國社會的每個角落都深受政府管理與強迫整合的影響，因此社會衝突和種族及道德—文化的緊張與敵意已大幅升高。

一個面對這種危險的國家，需要更獨裁的政府，以因應「平等主義移民」和「強迫整合」的勢力，這種說法讓我們感覺像是倒回實施種族歧視的吉姆・克勞（Jim Crow）一九五〇年代，並從像是川普這樣的當代人物口中聽到的說法。這確實是提爾思維背後菁英主義者理論的根本，雖然他取得的是哲學學士學位，但更吸引他的卻是科技與政治。他相信政治阻礙了進步，必須設法讓政治不干擾他賺錢。提爾在卡托研究所網站上寫下自己的宣言：

> 在我們的時代裡，自由放任主義者的偉大任務是尋找方法，以逃避各種形式的政治——從極權主義與基本教義派的災難，到控制所謂「社會民主」的不思考的人

> 民……我們正在一場政治和科技的生死競賽中……世界的命運可能取決於一個人的努力，他將建立或散播自由的機器，以使世界變成資本主義的安全之地。

顯然提爾認為自己就是領導這場聖戰的人，他將創造免於稅賦、監管及著作權的產業地帶，把恩格巴特、布蘭德和伯納斯－李所奠立的基礎帶向全新的方向。

四

提爾、馬克斯．列夫琴（Max Levchin）及盧克．諾塞克（Luke Noseck）打造的第一部「自由機器」就是 PayPal。提爾在著作《從零到一：打開世界運作的未知祕密，在意想不到之處發現價值》（*Zero to One: Notes on Startups, or How to Build the Future*）中得意地指出：「創辦 PayPal 的六個人裡，有四個在高中時代就會製造炸彈。」原本被稱為 Confinity 的 PayPal 創立於一九九八年十二月，是 Palm Pilot 掌上型電腦上的支付系統。PayPal 野心勃勃的哲學，在提爾早期的評論中已明白呈現，他曾告訴員工：「貪腐的政府未來將不可能藉由舊方法來竊取人民的財富，因為若政府試圖如此，人民將會把錢兌換成美元、英鎊或日圓，實際上就等於拋棄沒有價值的本國貨幣，將之換為較安全的貨幣。」

所以，從蘭德不能信任政府發行貨幣的概念，提爾更進一步設定一些將為新網際網路發展奠定基礎的基本原則：

㈠設計一套專屬的技術，以便在競爭中保有重大優勢。提爾表示：「當創業家談論佔有一千億美元市場的百分之一時，就非得注意不可了。」他想投資壟斷事業，而不是競爭事業。

㈡建立有「網路效應」的企業。提爾的前兩筆投資——PayPal和臉書，都從數百萬名想要彼此連結的使用者中獲益。當PayPal還只是Palm Pilot的支付系統時並未取得成功，一旦變成eBay的標準支付系統，立刻搭上網路效應的順風車。

㈢經濟極其重要。谷歌在搜尋引擎廣告市場的地位無人能撼動，就是因為它有龐大的規模經濟。從這一點得到的結論是，科技業的每個類別都只會有極少數的贏家。規模經濟和網路效應的結合，讓想要推翻贏家變得極為困難，特別是在科技這種監管很少的產業。

㈣塑造品牌極其重要。對消費者來說，品牌是價值的承諾。蘋果獲得很高的利潤是因為它的品牌承諾高品質與優美的設計。品牌承諾也協助你防備政府的干預，谷歌起初的「不作惡」品牌帶來社會責任企業的形象，有助於洗刷濫用壟斷優勢的指控。

正如約翰・西利・布朗指出的，恩格巴特和帕洛奧圖研究中心的高瞻遠矚者所想像的去中間化網路，到了這時候已經窮途末路，因為「我們從產品走到平台，而平台讓網路效應在軸輻式網路的模式上運作」。平台享有的規模經濟，動輒以數十億名使用者來衡量，已經成為成功的終極標準。提爾深知這一點，所以從PayPal出發，在eBay斥資十億美元收購PayPal後，初始的創辦團隊開始分散到矽谷各地。即使不是由提爾資助創立的公司，也採用他獨特的資本主義觀點，建立運作幾乎不受監管的網際網路公司就是他們致富的基本原則。

五

不過，不繳稅、不受監管的網際網路體制，其最大的受益者也許是亞馬遜創辦人暨執行長貝佐斯。貝佐斯因為受到家庭的薰陶而深信自由放任主義思想，繼父米蓋爾・貝佐斯〔Miguel Bezos，現稱為麥可・貝佐斯（Mike Bezos）〕在費德爾・卡斯楚（Fidel Castro）掌權後，就從古巴移民到美國，成為德州休斯頓埃克森（Exxon）的工程師，並且曾在二〇一二年捐助自由黨的蓋瑞・強森（Gary Johnson）總統競選活動。貝佐斯在接受成就學院（Academy of Achievement）的訪問時，談到他的核心自由放任主義哲學：

> 我想人們應該仔細重讀《獨立宣言》（Declaration of Independence）的第一部分。因為我想有時候我們的社會開始混淆了，以為我們有幸福的權利，但是如果你閱讀《獨立宣言》，會發現它所說的是「生命、自由和追求幸福」。沒有人有幸福的權利。你所應有的，是追求它的權利，我認為這種中心思想就是自由。

一九九二年五月，貝佐斯在避險基金蕭氏公司（D. E. Shaw）工作，當時最高法院在奎爾公司（Quill Corp.）訴北達科他州的案件中，判決「在一州內，不具實體營運，可用以作為豁免公司繳納銷售稅與使用稅的理由」。對於曾在蕭氏公司內研究網際網路成長的貝佐斯而言，這是大好的機會，他開始想像一家可以完全破壞地區書店的線上零售商。貝佐斯的原則很類似提爾的四個方針。首先，他將建立專營的線上平台（甚至為「一鍵下單」（one-click）功能申請專利），再創造網路效應，利用使用者推薦來為每位顧客建立個人偏好側寫。他也將藉由向出版商大量下單和談判降價，來創造小書店無法企及的規模經濟。在擴大規模規模時，貝佐斯可以透過批發商英格拉姆（Ingram）列出不向出版商購買的書籍，藉以大幅擴增亞馬遜所販售的書籍數量，也能避免繳納銷售稅。最後，他將打造一個圍繞著亞馬遜名稱的品牌，善用它具備規模的意涵——世界最大的河流，以及其首字母排序，因為它是以A開頭，可以出現在大多數名單的頂端。到了一九九四年，貝佐斯辭去避險基金的工作，在西雅圖建立亞馬遜，看好華盛頓州的人口稀少，因此大部分顧客將會來自其他州，所以不必支付銷售稅。

到了一九九七年，亞馬遜成長迅速，造成許多地區書店關門。有數個州的議員開始遊說政府對亞馬遜課徵銷售稅。經濟學家迪恩・貝克（Dean Baker）估計，亞馬遜的免稅資格已為貝佐斯的企業節省兩百億美元稅賦。貝克指出：「在紐約等州，州和地方的銷售稅平均超過百分之八，亞馬遜的價格即便較實體競爭者低百分之一，仍可從販售的一切商品中多賺百分之七的利潤，這對通常利潤只佔百分之二至百分之三營收的產業，是很好賺的生意。」急於保住這種利潤的貝佐斯開始對華盛頓特區展開行動，促成共和黨眾議員克里斯多福・考克斯（Christopher Cox）與民主黨參議員榮恩・魏登（Ron Wyden）草擬網際網路免稅法（Internet Tax Free Act, ITFA）。該法案於一九九八年十月二十一日通過後，由比爾・柯林頓（Bill Clinton）總統簽署完成立法，雖然不禁止各州對電子商務課徵銷售稅，但是禁止任何政府機構課徵特定的網際網路稅。自網際網路免稅法通過至二〇一五年之間，亞馬遜基本上已經讓地區書店全數倒閉，地區唱片行也相當程度地從美國境內消失。在這段期間，兩千三百家獨立書店及博德斯連鎖書店（Borders），與三千一百家唱片行一同關門。文化評論家里昂・韋瑟提爾（Leon Wieseltier）憤慨地指出：「美國城市的街上遊蕩著書店和唱片行的鬼魂，都是被文化產業歷史上最大的暴徒所殺。」更諷刺是，亞馬遜注意到有幾家獨立書店仍在大城市裡欣欣向榮，因此決定跨入書店事業。

亞馬遜不是唯一逃避納稅的企業，《彭博商業週刊》（*Bloomberg Businessweek*）報導：「谷歌與臉書的戰術仰賴『移轉訂價』（transfer pricing），就是企業子公司間藉由書面交易來將收入分配到免稅地點，並且把支出劃歸給高稅率國家。據奧勒岡州波特蘭里德學院（Reed College）的經濟學教授金佰利．克勞辛（Kimberly Clausing）估計，這種所得移轉導致美國政府的年稅收減少高達六百億美元。」地方和聯邦政府因為稅收減少，而延遲對必要的基礎設施進行改善，最有錢的科技公司所採用的避稅方法難辭其咎。當然，亞馬遜在這方面是始作俑者。

《出版人週刊》（*Publishers Weekly*）指出：「二〇一四年三月由法典集團（Codex Group）做的研究發現，亞馬遜在該月份的新書採購數量所佔比例為百分之四十一，佔所有線上新書採購數量（包括印刷和電子新書）的比例則達百分之六十五。該公司能達到這種比例，不僅因為是最大的電子書通路（三月的市場佔有率為百分之六十七），也因為在紙本書的線上銷售佔有極高的比例（三月的市場佔有率估計達百分之六十四）。」亞馬遜的政治影響力因為成功說服司法部控告蘋果的小電子書商店觸犯反托拉斯法而擴大，進而強化亞馬遜的買方壟斷力。經濟學家克魯曼解釋道：「以經濟學術語來說，至少截至目前為止，亞馬遜的做法不像壟斷者（monopolist），也就是支配性的賣方擁有哄抬價格的能力；但它的做法實為買方壟斷者（monopsonist），即支配性的買方擁有壓低價格的能力。」而亞馬遜的這種支配力已延伸到全世界。正如法哈德·曼裘（Farhad Manjoo）在《紐約時報》指出：「亞馬遜變得愈大，超越任何特定國家的規則，就愈會被視為商業治理的最重要規範。」

因此，亞馬遜不僅有能力混淆地方的規範，也有能力利用鬆散的監管法規，來壓低無空調巨大倉庫的職業安全標準。企業史學家西門·希德（Simon Head）在著作《無心智：為什麼愈聰明的機器造就愈笨的人類》（*Mindless: Why Smarter Machines Are Making Dumber Humans*）中寫道，亞馬遜「是一個最好的例子，說明二十一世紀初最尖端的資訊科技，可以用來重新創造新政時代（pre-New Deal Era）之前的嚴厲壓迫式資本主義」。二〇一一年《紐約時報》提到賓州阿倫敦（Allentown）一家報紙的報導，表示亞馬遜在鎮上的倉庫內部溫度達到華氏一百一十度（約攝氏四十三．三度）：

> 由於在五月一次熱浪來襲期間，有太多救護車接獲該倉庫的醫療求助電話而前往救援……所以這家零售商付錢給 Cetronia 救護車公司，請他們派遣醫護人員和救護車，在整個夏日期間溫度過高的日子裡，於倉庫外頭待命。據救護車公司主管對

《呼聲報》（*The Call*）表示，約有十五個人被送往醫院，另有二十或三十個人在現場接受治療。

對像貝佐斯這樣的自由放任主義者來說，在巨大倉庫裡裝設空調的想法違背他的自由觀念。你沒有享有好工作場所的權利，你只有追求它的權利，也就是辭職，另謀高就。但是，如果你決定繼續留在亞馬遜的倉庫工作，就得接受連弗雷德里克・泰勒（Frederick Taylor），（十九世紀末與二十世紀初的管理顧問暨效率專家，以對「時間和動作」的研究聞名）也會讚嘆的這種二十一世紀管理法。所有員工都有一具個人全球衛星定位系統監視器，告訴他為取得下一件包裝物品，他所應行進的路線，並精確預估抵達該處所須耗費的時間。如果他們不按照亞馬遜規定的時間完成，將會收到一則通知並記下一個缺點，無法達成時間目標太多次將會被解僱。

這些員工知道亞馬遜也以另一種方法「監看他們」：當他們輪班結束，在倉庫出口打數位時間卡，並通過類似機場用的身體掃描機時，就會看到數個大螢幕上顯示幾個前同事的側面照片，這些人都是因為偷竊而遭到開除。每張照片上都在犯人的身上蓋下解僱的印章，旁邊的一張犯罪紀錄則會列出偷竊的物品、犯案時間及商品的價值。也許這是亞馬遜自由放任主義版的清教徒公開懲罰，唯一缺少的是在這些人的額頭上刺上一個鮮紅的T。

雖然對美國政府充滿自由放任主義式的不信任，但是貝佐斯從未停止利用政府來增加優勢。有人說他收購《華盛頓郵報》是為了擁有對美國首都的影響力。當然這件收購案在純投資報酬上絕對不划算，貝佐斯之所以會知道這一點，是因為他已經占盡出版業者的便宜了。在二〇〇九年六月，《達拉斯晨報》（*Dallas Morning News*）發行人詹姆斯．莫洛尼（James Moroney）在美國國會作證，說明他與亞馬遜為在其 Kindle 閱讀器上刊登報紙內容所進行的協商。亞馬遜要求百分之七十的訂閱收入，卻只給他百分之三十，以彌補百分之百製作內容的成本。他表示這完全談不上是一筆公平的交易。

六

然而，提爾在帕蘭泰爾的投資展現出某種對企業福利的自由放任主義式虛偽。提爾總是抱怨裙帶資本主義，但帕蘭泰爾的創始資金是來自中央情報局（Central Intelligence Agency, CIA）旗下的創投機構，而現在這家公司的市值已經超過一百億美元。帕蘭泰爾創立於美國九一一恐怖攻擊事件三年後，從事可售予中央情報局的資料探勘服務。帕蘭泰爾的資料探勘軟體能揭露恐怖分子網絡，並且找出在飽受戰火摧殘的巴格達的安全駕駛路線，也能追蹤汽車偷竊與沙門氏桿菌疫情爆發。在歷史上最大的諷刺事件之一中，美國檢察官運用帕蘭泰爾的技術來調查避險基金SAC的資本，而SAC卻是帕蘭泰爾的早期投資人之一。總之，接受中央情報局的金錢和協助國家安全局及聯邦調查局（Federal Bureau of Investigation, FBI）追蹤平民，對堅信極端自由放任主義的提爾似乎並不抵觸。被問及為什麼要創立帕蘭泰爾時，提爾表示：「我覺得我們正漂流到美國的某個地方，在那裡我們享有比以往減少許多的公民自由，沒有受到真正有效的保護。」新聞記者塔諾夫在《衛報》中寫道，提爾後來接受川普的經濟計畫是相當諷刺的陰謀，因為他想大規模擴張帕蘭泰爾的模式：

> 跟隨著這樣的邏輯，現在欠缺的就只剩下一個資助上個世紀中葉冷戰級科學研究，卻沒有相對高稅率和伴隨而來之社會支出的國家。大公司將從這種研究裡探勘，從中創造有利可圖的發明，全民將買單而不要求回報。

隨著提爾進入川普總統的核心集團，我們可以預期帕蘭泰爾的前途無可限量。

一九六〇年代，網際網路在反文化理想主義和國防部資助的姻緣下誕生，到了二〇〇二年已變形成龐大的商業與政府監視平台。伯納斯－李和布蘭德的目標——為民主通訊建構一個新平台，已被自由放任主義**超人說**（übermenschen）的新架構所同化，掌控它的是一群自信有足夠的智慧與道德堅持、能在法律和納稅的正常節制外運作的人。這些人對自己的「超人」特質深信不疑，因此正投資龐大的款項在提爾的哈爾西恩分子（Halcyon Molecular）等事業，這家公司聲稱要「創造一個免於癌症與老化的世界」，這些人相信科技將根除人類的根本憂慮，也就是對死亡的恐懼。

未來學家傑容．藍尼爾（Jaron Lanier）曾描述谷歌首席科學家雷．庫茲威爾（Ray Kurzweil）和他的「奇點」（singularity）概念：當到達這個時間點時，人工智慧機器將能自主地打造比自身更聰明且更強大的機器。藍尼爾指出：「對大多數最有影響力的科技人士來說，這些是在矽谷最有價值的概念；它們是指導原則，不只是說好玩的……所有關於意識、靈魂這類觀念都與信心密不可分，這意味著某種很特別的東西：我們看到的是一個透過工程文化來表達的新宗教。」比爾．蓋茲評論道：「在我們還有瘧疾和肺結核等疾病等著富人投資研究，好讓他們活得更久時，那似乎很自我中心。」

但是，這並未阻止提爾和佩吉追求永生。正如二〇一五年十二月，新聞記者夏洛特．萊頓（Charlotte Lytton）所指出的：「二〇四五計畫（2045 Initiative）這個迪米崔．伊茨柯夫（Dmitry Itskov）的延長壽命組織，正尋求將人類意識移植到非生物體上，並且最終達到永生的方式，預測今年可能是這類系統首度被創造的一年。」我無法想像提爾和佩吉真的想要透過永生的概念，達到一個邏輯的結論。顯然這種治療的代價將極為昂貴，而且僅限極為富有的人才能享有。就人類歷史來說，較不富裕的人至少能以死亡是公平的來安慰自己，連洛克斐勒都無法用錢買通死神，想像那些永生診所會引發多少憤怒。活到一百三十歲以上的極富階級會有多害怕尋常的死亡原因——包括汽車事故、墜機及恐怖炸彈攻擊，因為他們已經花費數百萬美元在永生上，可能會因為害怕損失投資的金錢，而不敢離開豪宅。

我想我們不難猜測提爾和佩吉真的相信科技能帶來快樂。在新書《我們的網際網路：在巨量資料時代知道更多卻了解更少》（*The Internet of Us: Knowing More and Understanding Less in the Age of Big Data*）中，邁克爾・派翠克・林奇（Michael Patrick Lynch）以一個思考實驗開始寫道：「想像一個智慧型手機被迷你化，並且直接植入人腦的社會。」谷歌的佩吉已經朝向這個目標邁進了。林奇帶我們跨越幾個世代進入未來，在那裡我們已經停止藉由觀察和理性來學習，完全仰賴谷歌植入大腦裡的 Now 晶片；接著再想像一些導致全球通訊網停擺的災難。林奇說，那將會像是全世界都陷入盲目的狀態，我們不僅將失去過去曾獲得的知識，也將不再有能力學習任何新的東西。

巴布·狄倫曾寫道：「要生活在法律之外，你必須誠實。」在一九九〇年代，那些後來安然度過二〇〇〇年網路崩盤的自由放任主義創業家，其面對的挑戰是實踐這個辯證，他們創造由科技菁英支配的世界，設定一套我們現在被迫遵循的規則。提爾宣稱「競爭是為輸家而設」，而接下來的十年將會證明誰是輸家。

1 編注：涓滴經濟學係指政府對富人減稅，並提供經濟上的優待政策，將可改善整體經濟，最終使社會底層的貧困階級也得到經濟改善。

| 第五章 |

數位破壞

離經叛道在奈普斯特內明顯可見。

——西恩·帕克（Sean Parker）

一

西恩·帕克坐在下午要上的世界文明課教室後排，感到無聊至極。他前一晚幾乎完全沒睡，專注地入侵位居美國經濟核心的《財星》五百大企業的電腦，現在他的雙眼幾乎難以睜開。校長的秘書走進教室，遞給帕克一張字條，上面寫著他父親正在外面等著接他去看預約的牙齒矯正師。帕克沒有戴矯正牙套，他的心臟開始狂跳，而後忐忑不安地起身離開教室。他父親在那天早上五點下樓時，發現帕克正坐在電腦前，入侵一家公司的網路，因此對帕克發了一頓脾氣。二〇一〇年，帕克在《浮華世界》（*Vanity Fair*）的一篇文章上回憶道：「他搶走我手中的鍵盤，把它從電腦扯下，然後帶著它上樓。我開始哭喊：『爹地！你不知道自己在做什麼！我必須登出！』但是他沒有讓我登出。」幾個小時後追蹤入侵的聯邦調查局查到帕克的網路通訊協定（Internet Protocol, IP）位址，並在網際網路服務供應商協助下突襲他家。從帕克七歲起就教導他電腦程式設計的父親把他從學校帶回家，而他就在家中被逮捕。帕克的父親為政府工作，擔任海洋繪圖員，也許是對帕克的駭客行徑感到自責，他動用了一些關係。由於帕克未成年，被判兩百小時社區服務，而不用坐牢。

帕克和其他行為不檢者在當地一所圖書館做社區服務。如同電影《早餐俱樂部》（*The Breakfast Club*）般的場景，他在那裡遇見一位「龐克搖滾公主」，並為她失去童貞。同時，他透過一台圖書館電腦與另一位駭客尚恩・范寧（Shawn Fanning）連線上網，日後兩人將一起寫下終結我們過去所知唱片業的一段歷史。他們的軟體名為奈普斯特，原理很簡單——每張音樂 CD 中包含一個可以轉錄，也就是以數位方式萃取的數位檔，並且可在電腦網路上分享，欠缺的只是把所有那些 MP3 檔編成索引的方法，以便使用者免費分享。由於帕克與范寧都不是音樂人，似乎從未想到他們的發明會對未來數十年藝術家的生活帶來難以想像的破壞，只知道提供免費音樂是將流量導引到他們仍處於靜止狀態網站的絕佳方法。帕克當然知道自己違法，他承認使用者侵害著作權的電子郵件，被唱片公司用於訴訟中，最後導致奈普斯特關閉。在二〇〇一年七月關閉前，奈普斯特已經擁有七千萬名註冊的使用者。次頁的圖表將顯示自奈普斯特上線後，唱片營收急劇下降的情況。

如果一九九九年是音樂產業的高峰，奈普斯特的出現，以及它被關閉後，其他盜版網站如雨後春筍般冒出的時刻就是低點。這些網站讓唱片音樂產業的價值從兩百億美元下滑至七十五億美元，沒有一個產業像唱片音樂產業一般，因為盜版而萎縮了三分之二。

二

對帕克來說，作為一名被定罪的企業駭客並不是一件壞事，因為那也表示他是歷來第一項竊取智慧財產權技術的發明者。在關於臉書的電影《社群網戰》（*The Social Network*）裡，賈斯汀·提姆布雷克（Justin Timberlake）飾演帕克，他完美地詮釋帕克的壞男孩形象，而這個形象吸引了年輕的祖克柏，後來祖克柏真的聘請帕克擔任臉書總裁。帕克達成了一項重要的任務，就是把祖克柏介紹

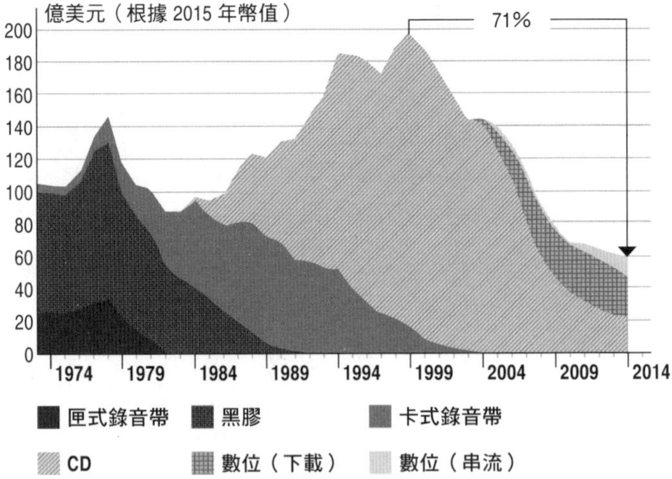

圖表一：唱片音樂的消費者支出*

僅限美國，根據 2015 年美元幣值通膨調整後數值

資料來源：美國唱片業協會（Recording Industry Association of America, RIAA）、美國勞工統計局。

*不含音樂影片購買。

給提爾，促成提爾成為臉書的第一個外部投資人。但是，帕克無法擺脫壞男孩的習慣，在二〇〇五年北卡羅萊納州的一趟風浪板之旅中，他在租屋處遭警方臨檢時疑似持有古柯鹼。帕克再度設法逃過起訴，不過他同意離開臉書。當然，提爾對他的朋友依舊忠誠，僱用帕克進入創辦人基金（Founders Fund）創投公司，並說：「帕克是他的世代中最偉大的連續創業家之一，他真正改變了世界，並轉動歷史之輪。」

提爾的蘭德式倫理架構，讓他輕易地稱頌帕克是一個「轉動歷史之輪」的人，儘管這種稱頌的道德意涵挑戰了他賴以維繫名聲的計畫。帕克是偉大的破壞者這種說法不容爭辯，但是他的企業建立在剽竊著作權（奈普斯特），以及深入的消費者監視（臉書）基礎上，使我們質疑這些藉由吸引注意力獲利的事業究竟創造了什麼影響，以及它們是在協助創造，或是加以摧毀更豐富的文化。重要文化基礎結構的破壞，只有在取而代之的體制可較原有體制為整體社會帶來更多利益時才有價值。例如，報業的大規模破壞（參見次頁圖表），隨之而來的是否為建立了更可靠的地方新聞和全球新聞來源？還是只是帶來雜音與混淆？提爾和帕克的臉書現在為*BuzzFeed*與《赫芬頓郵報》提供百分之七十的入站流量，這三個網站現在是許多線上使用者唯一的新聞來源，距臉書成為線上新聞事業的掌控力量，還能多久？

矽谷的破壞者對於自己在歷史的地位，以及科技在促成改變和經濟的演進所扮演的角色有著極高的評價。正如帕克表示：「科技，而不是商業或政府，是大規模社會改變背後真正的驅力。」但是，原子科學家羅伯特．歐本海默（Robert Oppenheimer）在日本廣島原子彈爆炸後，發現科技進步沒有必然的道德軌跡。帕克在接受新聞記者大衛．柯克派崔克（David Kirkpatrick）訪問時，為這一點做了最好的說明：

> 我想，最適合用來描述自己的是洛基（Loki）在北歐神話中的原型角色[1]，或像喬瑟夫．坎伯（Joseph Campbell）的「千面英雄」（*Hero

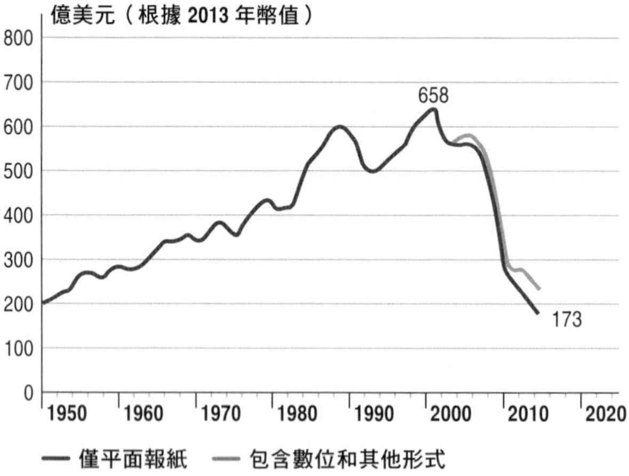

圖表二：報紙廣告營收

通膨調整後，1950 年至 2013 年

資料來源：美國報業協會（Newspaper Association of America, NAA）。

with a Thousand Faces）[2] 那般。我像神話裡的淘氣鬼或帕克精靈（Puck）[3]，並不是想造成傷害，而是要揭開你對社會的傳統、集體強化的認識面紗。離經叛道在奈普斯特內明顯可見，重點在於國王——內容產業沒有穿衣服，這些話聽起來可能極度自負和自戀。

帕克在同一訪問中，悲嘆當代文化中缺少像吉姆．莫里森（Jim Morrison）或傑克．凱魯亞克（Jack Kerouac）這種革命性的思想家。聽到這位每年參加火人祭（Burning Man），希望重新喚起莫里森夢想的叛逆創投資本家悲嘆他的美國同胞思想貧乏，不禁令人心生虛偽的感受，想想他的冒險所造成的大規模破壞，美國文化中，正包含莫里森賴以維生的音樂產業。在這裡提供給門外漢參考：火人祭是一年一度的節慶，在勞動節（每年九月的第一個星期一）前的週末於內華達州的黑石沙漠（Black Rock Desert）舉行，它被描述為「一項社群和藝術的實驗」，受到十個主要原則影響，包括「徹底的包容、自力更生及自我表現」。這場自由放任版的胡士托式節慶，涉及大量使用毒品、裸體跳舞與見怪不怪的瘋狂，對於在胡士托音樂節初次舉辦後幾年才出生的帕克來說，是他實現搖滾叛逆者幻想的完美地點。

三

德國小說家托瑪斯・曼（Thomas Mann）會形容帕克是不滿現實的資產階級，一個對藝術有虛妄渴望，卻被俗世生活和官僚事務束縛的人，這也適用於描述谷歌創辦人暨執行長佩吉，這個在高中吹薩克斯風並修習作曲的年輕人。佩吉在密西根大學（University of Michigan）時試著發明一台音樂合成器，但卻未能創造這台裝置所需要的即時軟體。和帕克（或許也與同樣愛好音樂的賈伯斯）一樣，佩吉缺少成為職業音樂家的才能，因此他申請了史丹佛大學的電腦科學碩士計畫，並於一九九五年繼續攻讀博士課程。

佩吉從音樂教育中所獲得之最重要的構成元素，似乎是速度的重要性。他在接受《財星》訪問時表示：「從某種意義來看，我覺得音樂訓練為我帶來谷歌的高速傳承……在音樂中，你會對時間很敏銳，音樂就像最重要的事。」佩吉可能從未聽過路易斯・阿姆斯壯早期的專輯，裡面時間的概念是經過再創造的。阿姆斯壯拋棄他從紐奧良的遊行樂隊中學到的古典時間概念，並以滑動的推拉切分音來取代，後來演變成搖擺節奏（swing）的概念。也許我們從這件事可以一窺書呆子與藝術家間的文化衝突，電腦裡的時鐘不容任何差錯，但是偉大的音樂家往往不按照節拍演奏。一旦電腦在音樂裡變得無所不在，電腦時鐘（例如，迪斯可的每分鐘一百二十拍）便把佩吉的時間概念帶進了流行音樂。

和帕克一樣，佩吉也喜歡火人祭，他說：「那是一個人們可以嘗試新事物的環境，身為科技人，我想我們有一些安全的地方可以嘗試新事物，並且思考對社會的影響。在不必將之用於整個世界的情況下，這些新事物對人們又會產生什麼影響？」事實上，佩吉和他的合夥人布林對火人祭是如此著迷，甚至舉出施密特參加火人祭，是谷歌董事會決定佩吉和布林需要「成人監督」後，兩人同意僱用其擔任谷歌執行長的主要原因之一。我猜想帕克與佩吉之所以會擁抱火人祭，是因為這個橫跨漫長週末的火人祭，很像他們推崇的「自由城市」模式，在這種模式下的政治是私人擁有且不受國家規範的，也是資本家避開民主的「暴民心態」的理想方法。

當谷歌公開上市時，控制的需要也自然浮現了。布林和佩吉安排一種雙層股權結構（仿效壟斷性有線電視公司，如康卡斯特（Comcast）），讓手中股權所擁有的投票權，變成公開發行股票的十倍。佩吉在寫給股東的第一封信中表示：「新投資人將完全分享谷歌的長期經濟前景，但是透過投票權來影響策略決定的能力較小。」佩吉和布林刻意「破壞」公開上市公司的古典概念，股東民主的概念對他們來說是可憎的東西，他們想要所有大眾投資資金的好處，但是不要必須向股東負責的壞處。

四

谷歌的創立是網際網路歷史上的關鍵時刻之一，因此花費一點時間了解它的哲學原則很重要。正如肯・奧萊塔（Ken Auletta）在著作《GOOGLE 大未來：工程師與企業家的戰爭，將把世界帶向何方？》（*Googled: The End of the World as We Know It*）中指出，佩吉和布林從未要求允許複製整個全球資訊網到他們的伺服器，並為它編寫索引。蘭德的著名引言：「誰會阻止我？」似乎是谷歌的建立原則。佩吉在第一封寫給股東的信件中就不斷保證，每個人都應該信任他和布林的善意，這句話攸關這種蘭德式的心態：「不作惡。我們堅信從長期來看，即使我們放棄短期的利益，一家為世界做善事的公司將會讓我們獲得更大的利益，對股東和所有其他方面來說都是如此。這是我們的文化很重要的一面，而且在公司內部普遍被遵循。」這種天真粗糙、幾乎毫不掩飾的權力意志辯證——谷歌將做任何想做的事而不徵詢允許，並且結果將會好到沒有人會抱怨，就是這家公司成功的中心原則。Gmail 和谷歌街景（Google Street View）就是兩個例子，谷歌提供顧客的交換條件，允許谷歌掃描你所有的電子郵件（以便置入客製化廣告），以交換數個十億位元組（GB）的免費儲存空間，如果公司事先徵詢同意，絕對不會被使用者接受。提案內容是免費電子郵件與無限制的儲存，實際上附帶條款上寫著：「你允許我們閱讀你的郵件，以便為你販售商品。」此外，谷歌也並未徵詢顧客，谷歌街景的照相機能否拍攝他們的前院，並且與他們的地址配對。

但是，佩吉似乎沒有意識到這個辯證的諷刺，他曾表示：「對我來說，隱私和安全是真正重要的事，我們會同時從這兩方面思考，而且我想沒有安全，就不會有隱私。」不過，沒有人在消滅隱私的概念上做得比佩吉還多。在 Gmail 問市的頭兩年，佩吉拒絕在這個服務上設置刪除鈕，因為谷歌必須保留你的通信才能建立你的側寫，這比讓你有能力刪除過去的難堪信件更加重要。你留下的資料霧霾（data smog）對「個人化搜尋」也很重要，使谷歌董事長施密特告訴《大西洋》：「即便你一鍵不按，我們也能知道你在哪裡、去過哪裡，我們或多或少，都知道你在想什麼。」在歐洲，谷歌持續挑戰「被遺忘權」，也就是顧客有能力從谷歌的搜尋引擎刪除關於他們的虛假文章。

當布林決定把世界上所有書籍數位化時，谷歌也採取類似的「不徵詢同意」方法。他告訴奧萊塔，如果谷歌徵詢作者與出版商，「可能就無法完成這個計畫」。同樣的方法也出現在谷歌的 YouTube 平台上，谷歌把檢查 YouTube 上侵害著作權的責任加諸在內容擁有者身上。連續幾年來，YouTube 的觀賞時間每年均成長百分之六十，二〇一七年的營收可能達到一百二十億美元。因為有「不徵詢同意」政策，全世界每一首歌曲都能在YouTube上找到簡單的音訊檔（大多數是使用者上傳的）。因此，正如下圖所示，YouTube是世界上最大的串流音樂網站，市場佔有率高達百分之五十二，雖然它的支出佔串流音樂營收的比例只有音樂產業支出的百分之十三。

YouTube共同創辦人查德·赫利（Chad Hurley）是PayPal幫的成員，師承提爾的哲學，他創立的公司，也採取與佩吉抱持的不徵詢同意原則。控告該公司侵害著作權的早期訴訟中所揭露的電子郵件清楚顯示，赫利知道自己藉由違法行為創立事業。二〇〇五年六月十五日，赫利發送電子郵件給其他共同創辦人說：「……所以躲避那些著作權混蛋的方法之一，可能是移除『無著作權或猥褻內容』

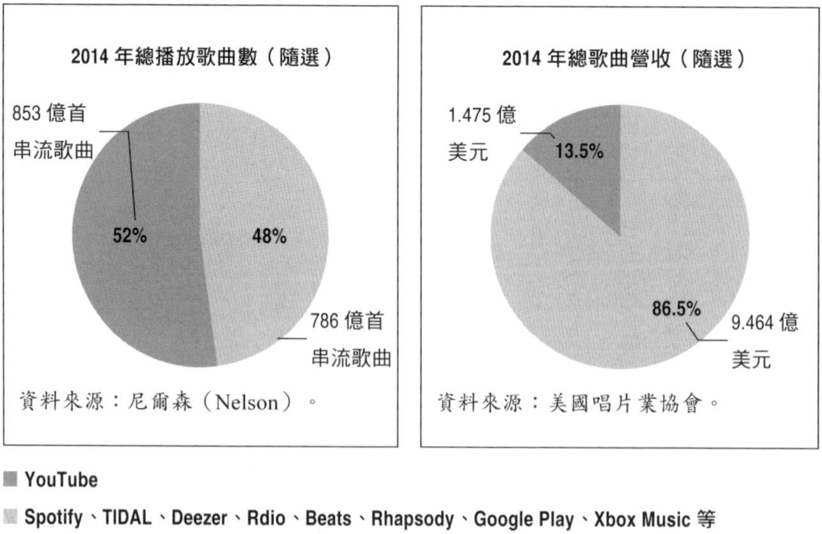

圖表三：廣告贊助類串流音樂

等文字，讓使用者自行斟酌那些影片，這在法律上可能會對我們比較有利，因為我們可以主張事後檢查所有的影片，並且告訴他們，如果他們擔心，有工具可以自己動手。」

赫利此時的表現，顯示他很早就懂得善用數位千禧年著作權法（Digital Millennium Copyright Act, DMCA）的「安全港」條款，一項柯林頓在谷歌上線幾週後簽署的法案。這項法案保護線上服務供應商，如谷歌與 YouTube 免於著作權侵害控告，只要線上服務供應商對侵權活動缺乏必要的知識：「……未接受直接歸因於侵權活動的財務利益，並在接到宣稱侵權的適當告知後……迅速撤下或阻擋內容的取得。」自赫利於二〇〇五年撰寫的電子郵件以來，這一直是 YouTube 的策略：假裝不知道有使用者上傳侵害著作權的作品，等著作權擁有者通知後才撤下。但是，這當然忽視了數位千禧年著作權法的一則重要條款——YouTube 是否接受直接歸因於網站上侵權內容的財務利益？答案當然是肯定的，事實上你可以說 YouTube 在一個擁擠的市場裡能成功，就是因為放縱盜版內容。競爭者如雅虎和 RealNetworks，可能以為自己參加的是有規則的拳擊比賽，而 YouTube 卻是在表演沒有規則的職業摔角比賽。

二〇〇五年，當某些電影以完整版本被上傳在 YouTube 上時，YouTube 共同創辦人陳士駿（Steve Chen）寫了另一封電子郵件給同事赫利和賈德．卡林姆（Jawed Karim）：「偷走它！」而赫利回覆說：「嗯，偷走電影？」陳士駿回答道：「有一點我們必須牢記在心，就是要吸引流量。我們從個人影片能吸引多少流量？記住，讓我們流量激增的唯一原因就是這類影片……會爆紅的，通常都是這類影片。」

這些電子郵件撰寫後的一年，谷歌以十六億美元的公司股票收購YouTube，但是這種掠奪式的行徑並未停止。二〇〇六年六月八日，在維康國際（Viacom International）訴YouTube的案件中，YouTube的內容策略概要說明被揭露了。這封信由谷歌負責產品管理的資深副總裁強納森・羅森柏格（Jonathan Rosenberg）寄給谷歌執行長施密特、谷歌共同創辦人佩吉和布林，當中的部分內容寫道，谷歌必須「向收費內容供應商施壓，要求把它們的模式改為免費；有關在其他地方的著作權侵害起訴採用『否則等著瞧』立場；『熱門內容』建立『先播放後處理』原則」。郵件上也表示，谷歌「或許可以勸說或強迫取得爆紅的收費內容」、「威脅改變著作權政策」，以及「利用威脅來獲得有利條件的簽約」。

當然谷歌對自己的智慧財產不會表現出同樣的高慢態度，如同谷歌上市公開說明書所警告的：「我們的專利、商標、商業機密、著作權及所有其他智慧財產權都是我們的重要資產……對我們智慧財產權的任何重大侵害，都可能傷害我們的事業或是競爭能力。」

五

我們從二〇〇五年以來目睹的現象是龐大的收入從內容創造者重新分配到平台擁有者手中。我們看到音樂產業和報業的收入大幅減少，可將亞馬遜、蘋果及臉書的營收成長上升趨勢與以下的谷歌營收圖相互對照。

聽音樂、閱讀書籍及看影片的人愈來愈多，但是流向內容創作者的收入卻愈來愈少，而流向四大平台的收入則是不斷增加。這些平台各自為創作者帶來不同的問題，谷歌和YouTube是由「不徵詢許可哲學」所驅動的廣告贊助「搭便車」；作為自由放任主義創投資本家根源的臉書，大致上對內容與廣告採取相同的立場，但是有跡象顯示其執行長對公司未來的方向抱持著真正的道德質

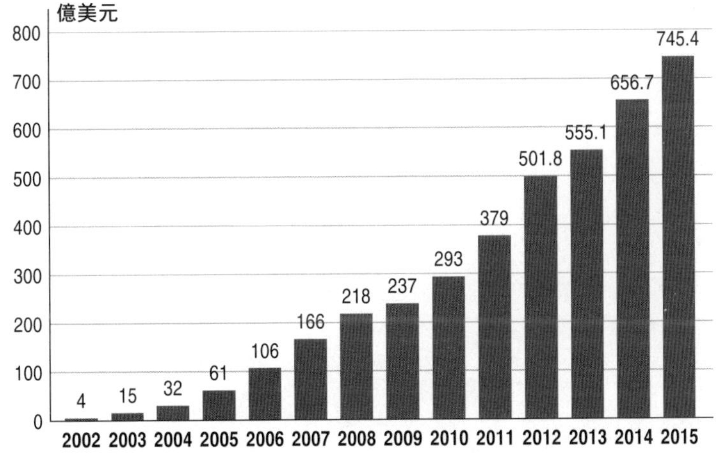

圖表四：谷歌年營收

資料來源：谷歌。

疑；亞馬遜創辦人貝佐斯擁抱自由放任信條，但卻沒有走上「不徵詢同意」路線，而是堅持另闢蹊徑，無情地壓低價格和商品化內容（特別是書籍），因而帶來不同的危險；蘋果代表自由放任信條的異議者，賈伯斯與提姆．庫克（Tim Cook）一直是內容社群的真正盟友，他們站在對抗谷歌和臉書營運核心的監視行銷模式立場，亦即他們支持阻擋廣告程式（ad blockers），使他們位居直接反對支配性搜尋與社群平台的地位。

科技菁英滿懷猜忌地保護自己的壟斷平台，而這些平台，卻是建立在明目張膽地忽視藝術家的智慧財產權上，這個事實是我與Reddit創辦人阿萊西斯．歐哈尼安（Alexis Ohanian）在二〇一二年《快速企業》（*Fast Company*）創新會議上爭辯，所獲得的領會。Reddit是一個線上布告欄，使用者可以張貼幾乎任何主題的連結（稱為subreddits），許多主題的內容牽涉色情、新納粹宣傳、白人權力、玩家門（Gamergate），都是假藉自由言論之名。自Reddit於二〇〇六年被康泰納仕（Condé Nast）收購以來，該網站一直試圖控制最激憤的subreddits。但是，要控制超自由放任的Reddit社群變成一大負擔，康泰納仕因而於二〇一一年將Reddit的多數股權出售給由山姆．奧特曼（Sam Altman）、提爾及馬克．安德森領導的集團。歐哈尼安在辯論中得意地提到他個人會消費來自網際網路的「免費音樂和電影」，甚至說像樂隊合唱團這類藝人必須靠巡迴表演賺錢。從他的觀點來看，李翁沒有權利靠著舊專輯賺錢。歐哈尼安可能感覺自己在會議中的論點沒有說服力，因此在第二天又寄了一封公開信給我，並刊登在《快速企業》上：

> 謝謝你今晚在紐約《快速企業》的創新會議上與我進行辯論！正如我在台上說的，我想提供一個解決方案來協助修正音樂產業對樂隊合唱團成員所做的事，但願像是今晚我討論的創新做法和許多創業家現在正在努力的其他方法，會繼續為藝術家伸張正義，並減少錯待他們的情況……正如我在台上說的，若是能召集樂隊合唱團的成員再錄製一張收錄未曾發表之歌曲的專輯，或是做出表揚赫姆的事，將會是一項殊榮——他們真正想製作的任何創意計畫（這次將由 Kickstarter 贊助），而我們將很樂意在 Reddit 的 IAMA 版推出。

我以一封公開信作為回答：

> 親愛的歐哈尼安：
>
> 上週在我們的辯論裡，我談到我的朋友兼同事赫姆，必須在七十歲高齡、罹患喉癌的情況下繼續巡迴表演以支付醫療費，所承受的極度不公平。赫姆在週四去

世，讓我的內心感到無比悲痛。我的悲痛不只是為了赫姆的妻子和女兒，也是因為你能如此謙遜地提議「修正音樂產業對樂隊合唱團成員所做的事」。為赫姆帶來苦難的並非音樂產業，而是像你這樣讚揚海盜灣（Pirate Bay）與金・達康（Kim Dotcom）[4]的人，就是從音樂家和製片人的心血中榨取數百萬美元的吸血鬼。

你在辯論中如此得意地舉手承認自己是下載「免費音樂和電影」的人之一，那些歌曲之所以免費，正是因為你自私的決定，而不是赫姆的決定。事實上，在樂隊合唱團停止錄製唱片許多年後，赫姆一直靠樂隊合唱團唱片的版稅過著不錯的生活，只是好景不常。

所以你的解決方案是——慈善募款，要給每一個偉大的藝術家一個 Kickstarter 的虛擬乞討碗。

但是，赫姆從來不想要 Reddit 社群或 Kickstarter 社群的慈善募款，他只想靠著畢生心血的作品過著問心無愧的生活。

你完全處於狀況外，才會提議要再聚集樂隊合唱團為慈善音樂會表演，而不知道五位成員中已經有三位過世了。謝謝你的慈善，但是省省吧！只要讓我們的努力有錢賺就好，停止再片面地作免費享用的決定。

歐哈尼安沒有回應。

網際網路原本應該是藝術家的福音，它原本應該消滅「守門人」，也就是那些決定哪些影片和音樂能夠大量流通的大型製片商與唱片公司，但音樂產業的一個統計數字卻說明這是謊言。我剛進入娛樂產業時，會談到帕累托曲線（Pareto curve），就是所謂的八十／二十法則，也就是一家電影或唱片公司從百分之二十的產品創造百分之八十的營收；換句話說，有五分之一的電影會賣座。二〇一五年的音樂產業有百分之八十的營收來自百分之一的產品，因此 Jay Z、泰勒絲（Taylor Swift）及其他少數人能賺到大錢，而大多數音樂家只能從唱片裡賺取很少的錢或是根本不賺錢。這可能是因為搜尋引擎會把最受歡迎的歌曲排列在搜尋結果的最上層，強化這種贏者全拿的經濟。網際網路帶給我們的豐富多樣性，就只是極小比例不斷循環的素材嗎？

隨著音樂轉向完全串流的形式，一個更深沉的問題也隨之浮現。由於 Spotify 與 YouTube 等服務吐出上兆位元組（TB）的資料讓唱片公司可以進行分析，所以整個唱片業變得愈來愈資料導向。資料對顯示哪些素材很流行十分有用，但對於指引哪些素材是藝術卻完全無用——而藝術是偉大地突破前人未曾做過的東西。仰賴資料讓好萊塢和音樂產業陷於重拍與續集的文化，因為只有資料認同的作品才能出頭。正如作家庫特·安德生（Kurt Andersen）在《浮華世界》中指出：「即使技術和科學的躍進持續大幅改變生活，流行的形式卻困於重複消費過去，而未能創造新事物。」大衛・鮑伊（David Bowie）的去世，讓我懷疑像他這樣的藝術家在今日的音樂產業中能否出人頭地。他沒有創作出熱門專輯，而是創造要花費時間才能了解的作品。即使是鮑伊也知道他很幸運，在數位時代之前就展開生涯，在音樂變成商品之前，他在二〇〇二年對記者說：「音樂本身將變得如同自來水或電力，所以這就像是在說好好把握最後幾年，因為這一切都不會再發生。」當你想到巴布・狄倫的第一張專輯在兩年內只賣了四千張，你就知道換作今日，他絕對不可能獲得續約。

像歐哈尼安這些科技烏托邦主義者告訴我們，網際網路將「殺光守門人」，但真正發生的，卻是一批新守門人——谷歌和臉書，取代了舊守門人。谷歌的市值是五千三百二十億美元，時代華納（Time Warner）則是六百一十億美元，娛樂世界的權力平衡已轉移到壟斷性平台上。要了解這種情況是如何發生的，就必須檢視壟斷資本主義（monopoly capitalism）的性質，以及一種大致上已經被揚棄的舊式強盜大亨資本主義（robber-baron capitalism）如何在數位時代新形式的面貌示人。

1 編注：洛基是現代《漫威漫畫》（Marvel）中的虛構角色，其原型來自北歐神話中的巨人神祇洛基，性格善惡兼半，或說其惡並非出自本心。

2 編注：此指神話學大師甘瑟夫·坎伯經典著作《千面英雄》（*The Hero with a Thousand Faces*）中的概念，認為英雄是那些能夠了解、接受並克服命運挑戰的人，最終完成生命所賦予的神聖使命及英雄事業。

3 編注：此指莎士比亞名劇《仲夏夜之夢》（*A Midsummer Night's Dream*）中的淘氣精靈角色帕克，因惡作劇而使劇中的男女角色陷入混亂的戀愛中，但最後仍以喜劇收尾，有情人終成眷屬。

4 編注：金·達康為現已關閉之雲端服務商Megaupload創辦人。由於用戶上傳至Megaupload的資料均受加密保護，無從得知特定文件的上載者身分，因此，大量用戶用以下載電影、音樂、圖片及色情內容，而對相關產業產生巨大衝擊。

| 第六章 |

數位時代的壟斷

競爭是為輸家而設。

——彼得．提爾（Peter Thiel）

羅伯・博克（Robert Bork）將蘭德和傅利曼的自由放任式自由市場原則植入美國經濟與司法體系的核心，比二十世紀的任何人都來得盡心盡力。博克教授在耶魯大學（Yale University）法學院開設的反托拉斯法課程經常座無虛席，他在一九七一年曾教過柯林頓，以及後來成為其配偶的希拉蕊（Hillary Clinton），還有羅勃特・萊克、克萊倫斯・湯瑪斯（Clarence Thomas）和理查・布魯蒙索（Richard Blumenthal）。博克身材高大，有著一頭很捲的褐髮，戴著玳瑁色大框眼鏡，加上大鬍子，讓他看起來像阿米許（Amish）農民與猶太拉比的綜合體。他偏愛黑西裝和布克兄弟（Brooks Brothers）扣領襯衫，他對時尚的退讓之一，就是對佩斯里（Paisley）花紋領帶的偏好。

博克所教授的「反托拉斯理論」，來自於他自身對企業法規的原創思想，甚至有人戲稱他的課程根本是「支持托拉斯法課」（a course in pro-trust law）。萊克回憶博克的課堂上經常充滿爭論：「我不知道他的想法對未來的反托拉斯政策會有多大的影響，當時的我覺得很荒謬，因為它們只從消費者福祉這個面向看公共政策，而忽略集中的所有動態效應，好比政治權力或掠奪。」一九七三年三月，博克即將開始在尼克森政府，以及後來的傑拉德・福特（Gerald Rudolph Ford Jr.）政府，以司法部副部長的身分，將課堂上的概念付諸實行。判斷博克有多輕視謝爾曼法案（Sherman Act；美國的主要反托拉斯法案）的標準之一是它在博克任內從未動用。博克離開司法部後，撰寫了《反托拉斯悖論：一項自我交戰的政策》（*The Antitrust Paradox: A Policy at War with Itself*）一書，主要透過著重於效率學說與強調「消費者福祉」的目標，塑造了後來的反托拉斯法律。

換句話說，博克認為監管者唯一要關心的是提供予消費者的價格是否下降。從博克的觀點來看，如果沃爾瑪（Walmart）最後變成美國唯一的雜貨零售商，只要價格持續下降，就會對消費者福祉有利。一九八四年，博克擔任哥倫比亞特區聯邦巡迴上訴法院法官時，我是美林（Merrill Lynch）投資銀行部的併購副總裁，我們協助海灣石油（Gulf Oil）併入加州標準石油（Standard Oil）成為雪佛龍（Chevron），把大石油公司的家數從七家減少為六家。在整個過程中，反托拉斯的問題從未被提出。

博克以傅利曼的芝加哥學派自由放任經濟理論來詮釋反托拉斯法。一九四〇年代末期，他來到芝加哥大學（University of Chicago）時虔信小羅斯福的新政政治學，並開始與一位同為自由派的研究生克萊兒・黛薇森（Claire Davidson）約會。但是，當他開始被經濟學和法律交會的領域吸引時，以保守派教授為主的芝加哥大學教師團，並不鼓勵任何政府可以或應該在規範企業裡扮演角色的思維。自由市場必須在不受政府監管下運作。不管博克和黛薇森（兩人於一九五二年結婚）的動機是想要在學界有所發展，或信仰真的有所改變，都受到芝加哥學派影響，並接受了它的理論。從那時候起，博克便反對政府監管，並且一輩子堅持不懈。正如《紐約時報》在報導博克的死訊時指出，這種立場導致他無緣進入最高法院：「他也於一九六三年為《新共和》撰寫了一篇重要的文章，而這篇文章對於他在一九八七年的提名確定失敗，扮演著關鍵角色。文中譴責一九六四年民權法案（*1964 Civil Rights Act*）草案的公共膳宿相關條款，就是禁止餐廳、旅館及其他商業場所的種族隔離。博克表示，他不反對種族隔離，但卻擔心政府對私人行為的脅迫危及自由。」

如果不是因為博克，谷歌、亞馬遜和臉書都會是被反托拉斯法起訴的壟斷事業。從福特政府，一直到歐巴馬入主白宮，博克在《反托拉斯悖論：一項自我交戰的政策》裡所表達之鼓勵合併與呼籲減少法規的原則，一直統治著司法部的反托拉斯部門。在博克的作品出版幾年後，即將出任雷根政府反托拉斯部門領導者的威廉·巴斯特（William Baxter）告訴《紐約時報》，他將「根據效率的考量執行反托拉斯政策」。正如林恩在著作《無處可逃：新壟斷資本主義和破壞經濟學》（*Cornered: The New Monopoly Capitalism and the Economics of Destruction*）中指出，來自兩黨的參議員紛紛反對巴斯特的政策，他們認為**消費者**這個詞彙從未出現在謝爾曼法案裡，而該法案的原意「不在降低價格，而在於保護獨立創業家，並且避免少數人利用政治和經濟體制，將權力集中在自己的手裡」。

二

除了偶爾協助小企業對抗大公司外，反托拉斯法有什麼重要性？要回答這個問題，我們必須先了解，對壟斷的恐懼可以追溯到美國的開國元老，以及亞歷山大・漢米爾頓（Alexander Hamilton）與湯瑪斯・傑佛遜（Thomas Jefferson）的歷史性戰役。漢米爾頓當然代表紐約的商業勢力，還有協助以債券提供革命資金的金融家；一七八四年代表人民的傑佛遜被派駐法國擔任大使，而法國也是美國革命的資助者。傑佛遜在法國期間，美國憲法的草擬已經在費城的會議中進行，傑佛遜對憲法的觀點必須由詹姆斯・麥迪遜（James Madison）代表提出。傑佛遜反對權利法案未納入憲法，他在看過第一次的草案後，從巴黎寫信給麥迪遜：

> 我現在要再次寫上自己不喜歡的事項。第一，（憲法中）缺少權利法案明確且不加欺騙地提供宗教自由、新聞自由、免於常設軍隊的侵害、**限制壟斷**（特別強調）、永久不懈地執行人身保護權法律，以及由陪審團審判所有應由國內法律審判之所有事實問題，而非由國際法律審判。

最後在麥迪遜的協助下，傑佛遜促使會議代表草擬權利法案，但是漢米爾頓所屬的聯邦黨人卻強烈反對「限制壟斷」。身在歐洲的傑佛遜已經第一手得知壟斷者，如不列顛東印度公司（British East India Company）所掌控的貪腐勢力，這家公司已完全壟斷英國在印度和中國的貿易，擁有的財富與影響力，已大到足以於一七〇八年貸款三百萬英鎊給幾近破產的英國財政部，以交換延續它可壟斷的時間。傑佛遜也觀察到該公司掌權者享有的壟斷租（從壟斷榨取的額外獲利），使其得以在英國建立龐大的產業和企業，並且取得政治權力。該公司在英國國會培養的遊說團體，其影響力大到可以擬定法律，保證英國軍隊將保護他們的私有貿易路線。傑佛遜也看到一七七〇年孟加拉饑荒導致一千萬人死亡的報導，不列顛東印度公司強迫孟加拉農民種植準備出口到中國的鴉片，以取代糧食作物，導致當地居民穀物短缺。傑佛遜看到未加節制的壟斷，可能會造成大災難。

漢米爾頓想要魚與熊掌兼得，他相信資本不應該影響政治，同時政治也不應該影響資本。一七八四年，漢米爾頓已經創立紐約銀行（Bank of New York），並決心建立一家國家銀行，美國政府將擁有百分之二十的股權，其餘百分之八十的股權則由他的朋友所有，那將會是一家壟斷銀行。一七九一年二月，在傑佛遜、麥迪遜及兩人的盟友反對下，漢米爾頓仍促成國會通過法案。當時擔任國務卿的傑佛遜請求總統喬治・華盛頓

（George Washington）否決該法案，但是總統卻屈服於當時擔任財政部長的漢米爾頓之下，從此奠定美國企業由大公司控制的基礎。

到了十九世紀末，諸如洛克斐勒和摩根此類的人，控制了被稱為信託（trust）的公司集團。面對真實的壟斷威脅，美國國會在一八九〇年通過謝爾曼法案，具體規範任何「壟斷或嘗試壟斷，或是與其他人共謀壟斷各州間，或與外國之貿易及商務的任何部分者」，處以罰款與徒刑。老羅斯福總統在第一個任期內援引這個法案，拆解洛克斐勒的標準石油信託和摩根的北方證券（Northerm Securities）信託。以下是老羅斯福對壟斷危險性的四項明確宣言：

> 被我們寬鬆地稱作信託的大公司是國家的產物，而國家不僅有權控制它們，還有責任控制它們，只要有這類控制的需要出現時。
>
> 解決之道不在於嘗試避免這類集團出現，而是在於以大眾福祉為出發點進行完全控制。
>
> 公司基於政治目的的支出……是我們政治事務中的貪腐主要來源之一。
>
> 當一個州，甚至是一個國家，缺乏對於採取不公平手段獲取金錢的有效限制，往往會製造出一小群極為富有，且在經濟上具有影響力的人。他們的首要目標是維繫

並增進自己的權力。當務之急是改變讓這些人得以累積權力的情況，因為一旦他們擁有或執行這種權力，將對全民福祉產生不利。

三

雖然是雷根率先與歷史悠久的反托拉斯政策分道揚鑣，罪責卻不能只歸於共和黨政府。正如林恩指出的，柯林頓「對朝向壟斷化的態度甚至比雷根或喬治．布希（George Herbert Walker Bush；多稱為老布希）更積極」。林恩表示，雖然柯林頓與艾爾．高爾（Al Gore）在一九九二年競選總統期間反對媒體壟斷化，但是「他們決定容許從雷根時代開始的美國媒體公司整併持續進行……使得大公司家數從五十多家減少到六家」。此外，自柯林頓以來，博克的自由放任理論繼續支配著老布希和歐巴馬政府，這反映在二〇〇四年最高法院大法官安東寧．史卡利亞（Antonin Scalia）的意見中，他說：「只是擁有壟斷的力量，並進而收取壟斷價格，不僅沒有違背法律，更是自由市場體系的一項重要元素。」史卡利亞不是唯一抱持這種看法的人。一項由南加州大學的李．愛普斯坦（Lee Epstein）、芝加哥大學法學院的威廉．蘭德斯（William M. Landes），以及芝加哥聯邦上訴法院的法官理察．波斯納（Richard A. Posner）所做的研究發現，從一九四六年以來，十件對企業最友善的司法案例中，有五件發生在史卡利亞擔任最後一任最高法院大法官並出席法庭時。

但是，如此影響重大的政策改變，為什麼沒有被大多數的美國人發現？也許你擁有一家酒吧，而啤酒供應商卻只有一家〔在兩家啤酒巨人安海斯—布希英博（Anheuser-Busch InBev）和南非米勒（SABMiller）合併獲得批准時〕，壟斷的後果就可能會影響你的生活，但是絕大多數的人並不會察覺，儘管它對我們福祉的影響是長遠的。正如經濟學家葉蓮娜．拉金（Yelena Larkin）和她的同僚指出，日漸增加的整併已經使得美國公開上市公司家數減少超過百分之五十（發生在半數的美國產業）：「公司數量如此急劇地降低，使得今日的公司數量已經比一九七〇年代來得少，雖然一九七〇年代的美國實質國內生產毛額只有今天的三分之一。」

兩位歐巴馬的經濟顧問，彼得．歐沙格以及傑森．佛曼，發表了一篇名為「從公司層次的觀點看不平等升高的情況下，租所扮演的角色」（A Firm Level Perspective on the Role of Rents in the Rise in Inequality）的論文，指出競爭減少，造成的公司「超正常水準資本報酬率」升高，已經導致經濟不平等擴大，他們描述這些公司的行為是「尋租」：

經濟租（economic rents）意味一種生產因素的報酬，超過讓它保持在市場上所需的水準……例如，資本可以藉由從事反競爭行為賺取遠高於機會成本的收入來榨取租……此外，勞動市場結構可能導致若干產業的一些壟斷元素，使得這種分工的契約租（contract rent）向公司傾斜。

我們都碰過的典型尋租例子是有線電視服務，它們收取的費用超出應有的水準，而且服務水準也較為低落，因為地區性的壟斷容許公司為自己訂定較好的「交易」。或許我們也可以公允地質疑谷歌、臉書及亞馬遜是不是尋租公司——換句話說，它們是否壟斷所使用的資源？亞馬遜可以拒絕出版商接近龐大的顧客群，是否使得該公司得以從出版商榨取不應得的租，超出當電子書市場有多家大型販售商時所能榨取的水準？答案是肯定的。臉書和谷歌能否從廣告主榨取超出正常市場價格的壟斷租，交換廣告主接近谷歌數十億名使用者中目標對象的努力？前助理司法部長湯瑪斯．巴奈特（Thomas Barnett）於二○一一年九月的參議院反托拉斯小組委員會聽證會中回答道：「首先，記住他們（谷歌）是一家廣告公司。他們去年在廣告上賺取三百億美元（二○一五年賺取六百億美元），而因為他們支配廣告市場，這些錢有一大部分已是壟斷租。」

奧薩格同意這種說法，他在澳洲雪梨對聽眾說，臉書和谷歌是「壟斷事業，使用我們的個人資訊卻並未支付我們金錢，並且藉由根據這種個人資訊出售廣告榨取壟斷租。」因此對奧薩格和佛爾曼來說，不平等在公司之間升高，而不是在公司內部。沒錯，執行長仍然賺得比員工來得多，但是谷歌、亞馬遜及臉書的員工有異於尋常的股票選擇權，比其他產業的同儕過得好上許多。科技巨人如谷歌和臉書，其與經濟不平等間的關係可能超出我們所知，奧薩格在雪梨的會議上表示：「我們很可能大為錯估美國愈來愈不平等背後的驅力。」

四

美國產業愈來愈嚴重的壟斷化，正在讓美國成為寡頭統治國家，將對我們的政治系統造成深遠的影響。普林斯頓大學政治科學家馬丁．吉倫斯（Martin Gilens）和西北大學（Northwestern University）的班傑明．佩奇（Benjamin Page）在檢視各所得階層對廣泛議題的公眾意見差異後，發現少數公司與極富階層的偏好對政策決定有著巨大影響，而中產階級和貧窮美國人的觀點幾乎毫無影響。吉倫斯和佩奇寫道：「我們的分析顯示，大多數美國民眾事實上對政府採取的政策沒有影響力。」一九五〇年代社會學家查爾斯．賴特．米爾斯（Charles Wright Mills）在經典著作《權力菁英》（*The Power Elite*）

中就預見這種發展，他寫道：「企業與政府之間的關係，有變得更糾結，更深入的長期趨勢……將赤裸裸地達到新高點，兩者現已無法明確地被視為截然不同的世界。」米爾斯一定無法想像在後聯合公民時代，政治獻金動輒數十億美元的世界裡，企業所掌控的權力。

不過，壟斷的趨勢最顯而易見的仍是在數位媒體的世界。正如《紐約客》科技作家歐恩．馬立克（Om Malik）描述的：「矽谷大部分的競爭，現在都指向未來將只有一個壟斷的贏家。」部分原因是提爾覺得極為重要的網路效應，但也有部分是因網際網路架構的獨特屬性使然。林恩指出：「一個全新的事實呈現出數位世界的壟斷者，享有實體世界的壟斷者未曾享有的力量。這種能力不僅能夠孤立並差別對待製造商，也可以孤立和差別待遇消費者。」在反托拉斯法中，赫芬達－赫希曼指數（Herfindahl-Hirschman Index, HHI）是一項被共同接受的市場集中衡量標準，計算在特定市場競爭的各家公司市場佔有率的平方，然後加總得到的數字。反托拉斯機構一般把赫芬達－赫希曼指數介於一千五百分至兩千五百分間的市場視為適度集中；超過兩千五百分以上的市場則為高度集中，而網際網路搜尋市場的赫芬達－赫希曼指數，高達破表的七千四百零二分。

此外，亞馬遜在市場支配的程度，已經與谷歌在搜尋市場的地位不相上下。根據《紐約時報》報導，對於不願屈服亞馬遜條件的出版商，亞馬遜很樂意採取差別待遇：

亞馬遜對付阿歇特出版集團（Hachette）的戰術（其中有些已使用幾個月）包括對該公司的書收取更高費用，並且暗示讀者，他們可能會更喜歡其他作者的書。如果顧客堅持訂購阿歇特出版集團的書，亞馬遜會表示此交易可能需要等待數週之久。這種焦土戰術通常是因為合約協商失敗而引起，亞馬遜要求更好的條件，而阿歇特出版集團不同意，因此亞馬遜開始斷絕生意。雖然從麥爾坎·葛拉威爾（Malcolm Gladwell）到傑洛姆·大衛·沙林傑（Jerome David Salinger）等作家的書籍都遭受影響，但仍有部分阿歇特出版集團的作者並未受到傷害。

亞馬遜在電子書流通有著幾近壟斷的地位，最諷刺的是政府監管當局對壟斷效應卻完全不了解，以致亞馬遜在二〇一二年對蘋果提出反托拉斯訴訟時，亞馬遜已佔有電子書市場約百分之六十，而蘋果相對之下只是一個小型業者。但是除了書籍之外，美國人每在其他線上商務花費一美元，亞馬遜就可賺進五十一美分。

情況不該如此，網路理論上的低進入門檻應該創造很競爭的環境，但是它從未實現。在搜尋市場，有谷歌這家壟斷者；在智慧手機操作系統，有蘋果和谷歌的雙頭寡占（duopoly）；可能很快地，家庭寬頻服務就會出現康卡斯特與時代華納（現在稱為Spectrum）的雙頭寡占。當然，AT&T和威訊無線（Verizon）在行動電話服務也構成雙頭寡占。到頭來，網際網路竟然是創造贏者全拿的樂園。

壟斷的成長，創造出運作系統有別於古典經濟學家認為市場經濟學應有的方式。隨著數位經濟逐漸在國內生產毛額中佔據愈來愈大的比例，以及谷歌、蘋果、亞馬遜、康卡斯特、威訊支配《財星》一百大企業排名，重新檢視雷根時代解除監管做法有其必要性。提爾在其著作《從零到一：打開世界運作的未知祕密，在意想不到之處發現價值》中解釋，真正壟斷事業的利潤極為可觀，「谷歌在二〇一二年的收入為五百億美元（同年，航空產業的整體收入則為一千六百億美元），但是它留下收入的百分之二十一作為利潤，是該年航空產業利潤的一百多倍。谷歌賺那麼多的錢，現在它的價值是所有美國航空公司加起來的三倍以上。」問題是這些公司龐大的生產力，加上它們寡佔的訂價，已超出藉由正常消費與投資管道吸收，所能創造出巨大且日益增加的現金剩餘。這是蘋果的資產負債表中有一千五百億美元，而谷歌有七百五十億美元現金的原因。這些企業無法找到足夠的機會再次投資手中的現金，因為許多領域已經產能過剩，也因為它們的生產力如此之高，所以不再創造就業與尋找可能購買它們產品的新消費者。正如前財政部長勞倫斯．桑默斯（Lawrence Summers）所言：「需求的不足，造成供給的缺少。」這些公司現已不再進行能創造新就業的投資，而只利用手中的現金買回股票，這只會加劇經濟的不平等。

五

哈佛商學院大師克雷頓・克里斯汀生（Clayton Christensen）在《創新的兩難》（*The Innovator's Dilemma: When New Technologies Cause Great Firms to Fail*）一書中認為：「金融市場和公司本身使用的評量標準，讓消滅工作的創新比製造工作的創新更吸引人。」雖然「效率創新」的報酬來得較快，更重要的「市場創造創新」，也就是創造能增加就業機會的新產業，卻需要很長的時間才可以獲得投資報酬。即使像伊隆・馬斯克（Elon Musk）這樣的矽谷英雄和他的特斯拉（Tesla）汽車，也只做到克里斯汀生所說的「績效改進創造，以較好的新款式取代舊產品。它們通常只會創造少數的新工作，因為它們有替代性：當顧客購買新產品時，往往就不再購買舊產品」。

雖然各種不同政治傾向的經濟學家，如克魯曼、桑默斯及泰勒・柯文（Tyler Cowen），都已詳盡地討論過美國經濟二〇〇〇年以來的就業不足與長期停滯，卻從未檢視壟斷資本主義在這個危機中可能扮演的角色。如果壟斷的興起可以被視為經濟停滯的原因之一，為什麼它會持續存在？正如提爾在其著作中所指出的：「一家競爭性的公司必須以市場價格販售商品，一家壟斷事業卻因擁有市場，而能設定自己的價格。由於沒有競爭，公司便會以讓自身獲利最大化的數量與價格組合來生產。」只看消費者價格的博克法則容許這些數位壟斷事業茁壯繁榮，而且只有在這種法則下，像谷歌這種核心營運佔有百分之八十五市場的公司才不至於遭到起訴；也只有在博克法則下，佔據百分之七十電子書市場的亞馬遜才能逃過司法制裁。當然，博克法則並未料到會出現像亞馬遜這樣的壟斷事業。亞馬遜壟斷書籍業務的效應，是不斷強迫作者和出版商為了賺更少的錢而工作。從博克的觀點來看，只要顧客可以獲得較低的價格，社會就不應該在乎作家賺不到足以維生的錢、獨立書店關門大吉及出版商倒閉的現象。

也許漢米爾頓關於美國政府被金融菁英控制的願景向來都是常態，除了兩位羅斯福總統任內以外。小羅斯福在寫信給威爾遜總統的顧問愛德華・豪斯（Edward M. House）時表達自己完全搞不清狀況：「這件事情的真相是，正如你我都知道的，從安德魯・傑克森（Andrew Jackson）的時代以來，整個大核心裡的金融元素一直把持著政府。」不過，把這個模式提升到完美境界的卻是谷歌。

| 第七章|

谷歌的監管劫持

壟斷者說謊以保護自己。

——彼得·提爾（Peter Thiel）

一

壟斷事業要如何逃避監管？與臉書和亞馬遜這兩家壟斷事業一樣，谷歌利用政治遊說與公關等工具來鞏固它獨一無二的市場勢力。監管任由政治擺布，只要監管會阻礙成長的自由市場福音在華盛頓被奉為圭臬，壟斷者將會不受節制地繁衍。作為全世界最大的壟斷企業，谷歌的姿態彷彿它才是二十一世紀的做法，而政府則是活在二十世紀的世界。「監管機構的不了解」成為隱而未宣的威脅，雖然那些監管機構早已被芝加哥學派的經濟與法律教條所束縛。為了維繫公司的權力，谷歌、臉書及亞馬遜不但必須熟知美國司法部的策略，還必須密切注意監管廣告和商務的聯邦貿易委員會（Federal Trade Commission, FTC），以及管理網際網路規範的聯邦通訊委員會（Federal Communications Commission, FCC）。

谷歌以市值排名全美第一的公司。根據顧問業者先導公司（Precursor）的史考特・克里蘭（Scott Cleland）調查，六大全球使用者超過十億人的網路平台中，有五個是由谷歌控制，包括搜尋、影片、行動、地圖及瀏覽器，並且在十四大網際網路商業功能裡，有十三種領先市場。正如提爾指出，諸如谷歌此類的公司會「說謊以保護自己」，因為它們知道「吹噓自己的壟斷地位會招致稽核、調查與攻擊。它們希望自己的壟斷獲利能持續不受干擾，所以用盡辦法掩飾自己的壟斷，通常是藉由誇大它們（不存在）的競爭力」。下圖可讓我們一窺谷歌（不存在）的競爭力。

谷歌贏者全拿的成功，不只是憑藉著技術優越這個因素，它耗費鉅資，確保在華盛頓的政治影響力，能讓政府主管和立法部門都感受得到。該公司每年花費超過一千五百萬美元在直接遊說上，與國防承包商波音（Boeing）不相上下，但是谷歌擁有比波音所能動用的一切資源來得更強大的平台可以接觸大眾。二〇一二年一月十七日，影音產業宣布支持禁止網路盜版法案（Stop Online

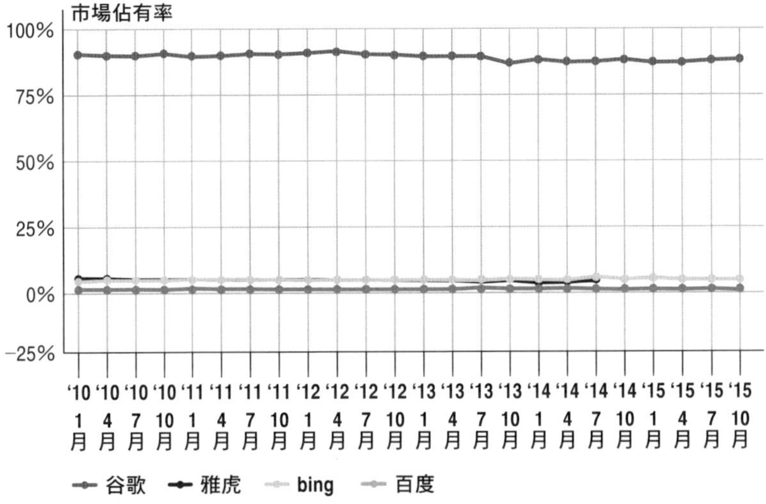

圖表一：全球搜尋引擎市佔率

資料來源：StatCounter © Statista 2015.

Piracy Act, SOPA）這是一項藉由限制主持或提供盜版內容之交易網站的存取，以打擊侵害著作權的立法草案。該草案特別瞄準與盜版網站連結的搜尋引擎，如谷歌。草案公布後的第二天，谷歌在搜尋主頁上張貼如下的圖像長達二十四小時，總計有十八億人看到該圖像。

注意圖像中使用**審查**（censor）的字眼，點擊「告訴國會」（Tell Congress）那行字，則可以讓你傳送訊息給美國國會議員。不用說，美國國會的電子郵件伺服器當然不堪負荷，二〇一二年一月二十日，美國眾議院司法委員會主席拉馬爾・史密斯（Lamar Smith）撤回草案。要求谷歌停止連結犯罪的盜版網站構成審查的說法，是一種歐威爾式的欺世之談，但是它對美國國會議員的影響，卻讓他們形同遭受谷歌劫持。事實上，這種劫持甚至讓谷歌得以募集許多美國國會議員支持公司，對抗似乎更

▲ 為對國會的審查行動表示抗議，Google 於首頁張貼如上的圖像長達二十四小時，共計有十八億人看見此圖像。

願意稱呼谷歌為壟斷事業的歐盟（European Union）反托拉斯監管當局。正如《衛報》報導：「許多共和黨與民主黨參議員和眾議員已收受谷歌高達數十萬美元的競選獻金，因而向美國國會施壓，寄發一連串類似，甚至完全相同的信函給歐洲議會（European Parliament）的重要議員。」

二

不過，谷歌真正擅長的領域是「監管劫持」（regulatory capture）。根據諾貝爾獎得主喬治．史帝格勒（George Stigler）的說明，監管劫持是監管機構最後被其所負責監管之產業支配的過程。先不談谷歌董事長施密特拜訪歐巴馬白宮的次數超過美國任何企業的主管，以及谷歌遊說長凱薩林．歐雅馬（Katherine Oyama）是副總統喬．拜登（Joe Biden）的協理律師，谷歌高階主管在美國聯邦政府的任職清單確實令人大開眼界：

- 美國科技部首長及其副手之一是前谷歌員工。
- 美國司法部反托拉斯部門的代理助理司法部長，是代表谷歌的矽谷事務所 Wilson Sonsini Goodrich & Rosati 的前反托拉斯律師。
- 美國白宮數位長是前谷歌員工。

- 聯邦通訊委員會主席的高階助理之一是前谷歌員工，另一名助理曾主掌一家由谷歌部分出資的公關遊說公司。
- 負責修護 Healthcare.gov 的美國數位服務團（United States Digital Service, USDS）主管是前谷歌員工。
- 美國專利商標局（US Paten and Trademark Office）局長是前谷歌專利部主管。

當然，進出政府的旋轉門是雙向的，正如谷歌透明計畫（Google Transparency Project）這份獨立監督報告清楚呈現的情況：

- 谷歌和白宮間有過五十三次旋轉門異動。
- 這些異動牽涉二十二位離開美國政府，轉為谷歌工作的前白宮官員，以及三十一位谷歌主管（或谷歌的主要外部公司之主管）加入白宮，或是被任命進入聯邦顧問委員會。
- 谷歌與美國政府間有二十八次旋轉門異動，涉及國家安全、情報或國防部。七位前國家安全或情報官員和十八位五角大廈官員進入谷歌，並有三位谷歌主管進入國防部。

- 歐巴馬執政期間，谷歌與國務院間有二十三次旋轉門異動。十八位前國務院官員加入谷歌，五位谷歌主管出任國務院高階職務。
- 谷歌或谷歌的外部遊說公司和聯邦通訊委員會間有九次旋轉門異動；聯邦通訊委員會處理愈來愈多對谷歌獲利有重大影響的監管事務。

從這種情況中，我們可以感覺到谷歌有某種保險政策：在聯邦通訊委員會、管理與預算局（Office of Management and Budege, OMB）、專利局及司法部的反托拉斯部門等重要機構，谷歌都會安插一個重要人選，如果公司利益受到威脅時就能取得重大情報。而根據 *Quartz* 調查施密特 Groundwork 公司的報導顯示，谷歌正把網撒向歐巴馬政府以外的範圍：

> 根據民主黨競選工作人員和技術人員指出，Groundwork 是谷歌母公司 Alphabet 董事長施密特建立的公司，部分目的是為確保希拉蕊．柯林頓擁有贏得選戰的必要工程人才。它也是施密特出於對現代政治選舉操作方式的了解，而默默進行的投資之一，因為現代政治選舉操作牽涉資料分析與數位宣傳等重要成分，讓候選人得以發掘、吸引並促成關鍵選民族群的投票。

谷歌為了確保萬無一失，會兩邊押注，因此在施密特提供希拉蕊選戰顧問的同時，佩吉也在帕克和馬斯克的陪同下，於二〇一六年三月與共和黨人在喬治亞州海島（Sea Island）舉行祕密會議，居中撮合的是右派智庫美國企業研究院（American Enterprise Institute, AEI）。他們與共和黨領導階層會面，包括密契・麥康諾（Mitch McConnell）、萊恩及卡爾・羅夫（Karl Rove），共同規劃共和黨於二〇一六年選舉的策略。由自身與國會議員談論網際網路改革的經驗中，讓我明白谷歌、亞馬遜及臉書均早已在兩大政黨中紮根，無論白宮由誰當家，它們的利益都會受到保護。

但是，這些個別的保險政策仍不足以讓它們杜絕麻煩。自二〇一四年至今，谷歌已有兩個運用其政治影響力的典型例子清楚呈現在大眾眼前。第一個例子牽涉原本應該監管谷歌廣告與搜尋事業的機構——聯邦貿易委員會。二〇一五年三月二十四日，《華爾街日報》揭露一份從聯邦貿易委員會競爭單位洩漏的報告，建議起訴谷歌濫用市場地位，因為谷歌向第三方推薦自己的服務。出乎意料的是，聯邦貿易委員會全體會議卻以極不尋常的方法否決幕僚的建議，決議反對起訴谷歌。《華爾街日報》宣稱，谷歌在該申訴案被撤銷前於白宮舉行的兩百三十場會議，影響了聯邦貿易委員會的決定。這篇報導使聯邦貿易委員會發表一份制式的否認聲明：

今天刊載的《華爾街日報》文章〈谷歌充分利用與白宮的緊密關係〉（Google Makes Most of Close Ties to White House）中，對聯邦貿易委員會調查的公正性作出數項誤導的推論與暗示。該文章暗示一連串由聯邦貿易委員會官員和執行部門官員，或谷歌代表所舉行之不同性質且互不相關的會議，影響聯邦貿易委員會於二〇一三年初結束搜尋調查的決定。

不過包括與谷歌競爭的無數旅行社在內，大多數人都知道聯邦貿易委員會幕僚的建議是正確的。Yelp 公司執行長傑瑞米．史托普曼（Jeremy Stoppelman）在參議院反托拉斯小組委員會作證說：「谷歌先是在一年前未經允許就撤下我們的內容，儘管進行公開和私下抗議，但谷歌發出只有壟斷者才能提出的最後通牒：如果要出現在網路搜尋上，你們必須容許我們使用你們的內容來與你競爭。」由此可見，谷歌確實利用了自身的優勢，隨著它進入更多的市場，問題只會雪上加霜。最後，諷刺的是，聯邦貿易委員會決定不起訴谷歌，主要是受谷歌付費委託博克（在他死前不久）與葛列格里．席達克（Gregory Sidak）共同為其所撰寫的一篇論文影響。博克和席達克指稱：「消費者可立即且零成本地轉換到替代的搜尋引擎這個事實，限制了谷歌採取反競爭行為的能力與動機。」但是有許多研究人員已指出，使用多種谷歌服務，例如 Gmail、谷歌地圖

（Google Map）及谷歌日曆（Google Calendar），基本上會把使用者與谷歌的服務綁在一起，並且讓轉換的時間和精力成本遠高於博克所說的零成本。

谷歌更大膽的權力展示，是發生在密西西比州司法部長吉姆．胡德（Jim Hood）於二〇一四年十月傳訊谷歌，以決定谷歌是否遵循二〇一一年初司法部宣判的和解案，亦即谷歌在知情的狀況下是否仍從非法交易中獲利時。谷歌已支付五億美元罰款，其中包括在搜尋服務中刊登非法藥局廣告所獲利的金額，再加上加拿大藥局從美國顧客處購買非法藥品而獲得的利潤。幾年前透過谷歌搜尋，可以在線上買到的羥二氫可待因酮（oxycodone），現已全面被勒令禁止。因此州司法部長胡德要求谷歌交出搜尋紀錄，以判斷谷歌是否把顧客連結到其他非法網站，包括出售盜版電影、音樂及遊戲的網站。

谷歌引述數位千禧年著作權法，表示公司受聯邦法律和憲法第一修正案（First Amendment）保護，而傳訊卻試著強制谷歌阻擋網站，此舉是在侵害著作權。谷歌在訴訟文件中表明：「州司法部長可能寧願預先過濾網際網路，但是憲法和國會已否決他強制的權力。」胡德很快就退縮，但卻明白表示谷歌嘗試利用金錢與權勢「阻止密西西比州勇於質問一些問題」。儘管如此，胡德表示他將致電要求谷歌當局達成和解。不用說，胡德致電谷歌，但谷歌卻沒有回音。雙方沒有達成和解，經過上訴法院的你來我往，傳訊與訴訟於二〇一六年完全停止。正如前勞工部長萊克告訴我：「我的理解是政治權力勝過任何意識形態，如消費者福祉經濟學，但是強大的意識形態，有助於鞏固具有強大政治影響力的業者所支持之立場。當然，諷刺的是，谷歌穩固的地位賦予它強大的政治影響力，而這正是反對任何公司變得如此巨大和穩固的理由之一。」

三

如果谷歌看待所有內容，猶如它們只是可以配置廣告的商品，公司從事的業務到底是什麼？沒錯，就是廣告銷售。因為谷歌與臉書真正的價值存在於資料探勘，對它們來說，藝術性超群的馬丁．史柯西斯短片和業餘貓咪影片的差別，只在於可以賣給廣告主的點閱數。因此，谷歌的第二個重大優勢是在廣告業，僅次於監管。從二〇一四年十一月十二日的《華爾街日報》報導中，即可清楚看出谷歌支配線上廣告的程度：

> 週三因谷歌提供予出版業者的線上服務系統 DoubleClick 故障，使網頁上多數的廣告消失長達一小時。這次故障導致包括由 *BuzzFeed*、《時代》及《富比士》等出版公司所經營的網站，原本應刊登廣告的版面出現空白……據專門為企業監看網站和網路應用軟體的執行情況，其顧客包括北美洲十大零售商中八家的 Dynatrace 估計，週三的故障影響超過五萬五千個網站。

與競爭者相比，谷歌明顯支配線上廣告的佔有率，因此無須在廣告關鍵字市場競爭廣告主，而是採用拍賣的做法。這種做法除了由谷歌自行設定的最低價格以外，並未提供買家透明性。

但是，現在谷歌嘗試把廣告壟斷的觸角延伸到電視界。正如我先前提到的，谷歌在聯邦通訊委員會內有眾多盟友，而聯邦通訊委員會正思考應如何透過一套被稱為 AllVid 的技術，強迫有線電視與衛星電視對競爭者開放機上盒事業。基本上，谷歌可以在電視搜尋網頁中，提供地方餐廳、汽車經銷商及其他廣告主的互動式目標廣告，效率將會遠遠高於地方電視台的廣告。這種做法所造成的影響將會完全消滅地方電視廣告市場，而地方電視廣告收入則是大多數地方新聞節目的經費來源。我們已經看到這類競爭性服務對新聞事業造成的影響，若是沒有地方企業的廣告支持在市政廳裡採訪的記者，大多數的地方新聞將從新聞節目中消失。

曾經擔任老布希政府國際通訊與資訊政策副協調官，目前任職顧問業的克里蘭指出谷歌在這個過程裡的操作：

> 從根本上來看，聯邦通訊委員會的 AllVid 提議就是強迫受監管的付費電視產業，在專營的付費電視服務中，裝設對谷歌最友善的 IP 搜尋介面／入口。谷歌將可免費

> 把競爭者最寶貴的專營資訊編成索引且從中獲利，做法是在競爭者的廣告贊助內容上增添谷歌的網際網路廣告，並略過競爭者的廣告，以掠奪競爭者相對較弱的廣告業務，進一步削弱競爭者因為聯邦通訊委員會的提議而脆弱不堪的付費內容資產。

對一家完全支配網際網路廣告市場的公司來說，規模七百三十億美元的電視廣告市場，將是它持續達成股東每年百分之二十成長率期望的唯一希望。

二〇一五年，《衛報》的一篇報導指出：「如果谷歌是一家製造商，像它在網際網路搜尋市場上所擁有的壟斷地位，就絕不可能被允許存在。」但是博克的鬼魂仍在我的耳邊低語道：「社會為什麼要在乎這些？這又有什麼害處？」同一篇文章表示：「谷歌的支配正在不斷自我強化，也讓它變得更有用處。更多使用者改善谷歌的資料，讓它的產品更精確，也更不可能不使用它。正如歐盟競爭委員會（European Competition Commission）委員瑪格麗特・維斯塔格（Margrethe Vestager）在上週承認的，我們活在谷歌的年代。」科技決定論者的哲學已經進入谷歌最頑強的監管對手腦海中，所謂自我強化的支配一向被稱為網路效應，或是梅特卡夫定律（Metcalfe's law），其源頭是帕洛奧圖研究中心研究人員梅特卡夫提出的公式，就是網路的價值會與使用者人數的平方成正比。愈多人使用谷歌的搜尋引擎，谷歌的價值也會隨之呈現指數性成長。谷歌現在是否為經濟學家所稱的自然壟斷事業（natural monopoly）？也就是指一家可用低於兩家同業公司價格，供應整體市場需求的公用事業公司。整體而言，公用事業會受到政府的監管，以保護消費者。

我們的社會很快就必須決定谷歌、臉書及亞馬遜是否已形成必須加以監管的自然壟斷事業，或是我們將假裝競爭與資本主義可以在數位時代和諧共存。兩者在今日之所以能和諧共存，是因為有關數位創新成本（以及由誰來承擔這些成本）的反向論述尚未被提出。提爾知道他想要的那種資本主義極端厭惡競爭，但是華盛頓的監管當局仍然活在「完美市場」的幻想世界裡。矽谷最知名的反托拉斯律師之一蓋瑞．雷巴克（Gary Reback）曾表示，市場並不完美。雷巴克在《紐約時報》指出：「一旦這些公司之一取得壟斷地位，就很容易把壟斷藉由併購散播到鄰近的市場。你會以為反托拉斯執法者現在應該已經知道這一點。」難道監管當局沒有看出谷歌的壟斷是一大問題嗎？還是他們相信谷歌的政治影響力大到讓這家公司是碰觸不得的？數位壟斷可以是問題的一部分，也可以是解決方案的一部分。但是我懷疑我們可以信賴對方「不作惡」的宣示，然後繼續這種未加監管的壟斷體制。此刻我們生活在其中的經濟，是根據谷歌、亞馬遜及臉書的支配而形塑出來的。提議要這些公司節制擴張，將會對不久前才遭受重創的經濟帶來危機。

四

一九九六年夏季，我與兩位友人理查德・巴斯金（Richard Baskin）和傑瑞米・謝奇克（Jeremiah Chechik）創立最早的隨選串流影片公司之一 Intertainer。我們從康卡斯特、索尼（Sony）、英特爾（Intel）、國家廣播公司及微軟募得一大筆資金，並於一九九八年秋季開始對數千名寬頻顧客提供服務。有別於奈普斯特或 YouTube，我們相信徵詢同意的做法，所以從大多數主要製片公司取得授權，並且支付大筆服務保證金。我會創立這家公司，是因為看到 CableLab 在早期的寬頻設施上做過串流影片展示，剛開始影片的品質並不完美，但是你可以視需要隨時觀看任何影片，而無須到當地錄影帶店尋找的構想似乎很吸引人。建構 Intertainer 的是一批優秀的開路先鋒，他們發明作為今日網際網路廣告影片系統基礎的互動工具。不久後，我們就有了前所未見的進展——在網際網路上傳送高品質影片。二〇〇一年十二月《商業二・〇》（*Business 2.0*）刊登了一篇介紹 Intertainer 的文章，從我們現在的觀點讀來似乎有點諷刺：

> 要論狂妄自大，喬納森・塔普林（Jonathan Taplin）與兩位友人在一九九六年夏季構思的商業計畫應該榜上有名。這家被命名為 Intertainer 的公司承諾，你可以隨

時在自家客廳觀賞數量龐大的電影、紀錄片及其他精采內容的庫藏。塔普林告訴我們，只要點擊幾下，就能觀賞《成名在望》（*Almost Famous*）、肯・伯恩斯（Ken Burns）的爵士樂系列，或是最新的克萊普頓影片，甚至是一九七五年的世界職業棒球大賽（World Series）決賽，就像看錄影帶那樣，可以在你想出去買啤酒時暫時中斷節目。

這種被稱為隨選視訊（Video on demand, VOD）的基本概念已經存在多年了，就像塔普林本人一樣，他約莫四十五歲，以網際網路時代的標準來看，差不多快到老糊塗的年齡了，而且他和娛樂產業的大公司有著牽扯不清的密切關係。不過，談到傳播福音的狂熱程度，他絲毫不輸給年輕後輩。的確，如果你冷靜想想家庭娛樂是什麼，還有隨選視訊可能會變成什麼樣子，它的影響是不容小覷的。頻道與節目表這類東西最後可能會消失。「看電視」——也就是把電視機打開，看它「播」什麼的概念，可能會被視為早期媒體怪異而邋遢的習慣。

不過，如同任何開路先鋒都知道的，實現一個人的願景從來不是容易的事。二〇〇二年初，當我們有了約十五萬名顧客時，聽到謠傳表示股東之一的索尼正在默默開發和 Intertainer 完全一樣的服務。我詢問對方這件事，他們宣稱毫不知情。到了二〇〇二年夏季某天，索尼宣布提供一項被稱為 Movielink 的服務，是與華納兄弟（Warner Bros.）、環球影業（Universal Studios）、米高梅（Metro Goldwyn Mayer, MGM）及派拉蒙影業（Paramount Pictures）的合資事業。不久後，大製片公司停止授權影片給 Intertainer，最後我們的服務被迫終止。這讓我很傷心，但卻拒絕善罷干休。

二〇〇二年九月，Intertainer 向加州中區聯邦地方法院的西區分院，對美國線上時代華納（AOL Time Warner）、斐凡迪環球（Vivendi Universal）、索尼這三家大型娛樂公司，以及它們共同經營的 Movielink 提出反托拉斯訴訟，控告它們在數位娛樂流通市場共謀操縱價格並限制交易。二〇〇六年三月，被告與 Intertainer 達成庭外和解。根據和解條款，我能說的只有「訴訟在各方滿意的條件下獲得解決」。Intertainer 肯定很滿意，這也是我一直相信貫徹執行的反托拉斯法，能真正幫助小公司對抗大企業的原因。Intertainer 仍然存在，目前的經營是授權他人使用其隨選視訊專利組合，微軟、康卡斯特、湯森路透（Thomson Reuters）、維康國際、探索傳播（Discovery Communications）及蘋果都是目前的授權使用者。

在我擔任多年音樂和影片製作人，並在商業世界走了一圈後，我的目標是為科技與娛樂建立一個交集。我知道把全世界的影片庫藏數位化，結合透過網際網路串流的影片，以摩爾定律（Moore's law）的速度改善品質，將會帶來更有效率的影片配銷系統。

和我的投資人一樣，我知道為影片消費創造一個平台就是創新的方向。我們過去做的就是這種創新，而且在這個過程中也大幅改善影片品質與後端系統，真正實現讓使用者「在任何時間、任何地方、觀賞任何影片」的夢想（正如我們初期相當大膽的座右銘所言）。

一位授權我們使用影片的公司主管曾描述，到了最後，「這個產業將不再需要中間人——如線上HBO。」這個產業的大型業者聯合我們的投資人之一，建立讓我們難以生存的卡特爾（Cartel）。壟斷壓制了所有產業的創新，而我在娛樂數位化的早期，就已目睹這種情況發生。如果我們在二〇一〇年才開始營運，也許公司就會被收購，而非被迫關門。當前壟斷環境中發生的反事實很難事先預料，但我確實經歷過。

| 第八章 |

社群媒體革命

隱私的社會常態不斷在演進。

——馬克．祖克柏（Mark Zuckerberg）

一臉書的連結實驗室（Connectivity Lab）總監耶爾・馬奎爾（Yael Maguire）在向一位《快速企業》記者的簡報中表示：「全世界有手機的人中只有百分之十無法連結，我們的工作就是想出如何連結這最後百分之十的人。」他的解決方案是Aquila的原型，這是一架超輕碳纖無人機，翼展一百三十八呎（波音七三七的翼展只有一百一十三呎），重量卻只有八百八十磅。如果搭配合適的電池技術，這架無人機應該可以在印度偏遠村落的天空翱翔三個月，提供被臉書稱為「自由基地」（Free Basics）的免費網際網路服務。沒有人敢說臉書執行長祖克柏缺少雄心壯志。

不過，現在那些偏遠村落的居民，也將因此進入數十億人從二〇〇〇年就已開始居住的監視社會。二〇一五年十二月二十八日，祖克柏在《印度時報》（*Times of India*）一篇社論中問道：「有誰會反對它？」結果有許多印度人提出反對。《經濟學人》的一篇文章指出：「該計畫的批評者表示，臉書的慷慨是對於土地掠奪的掩護。他們宣稱，自由基地是一座被臉書批准之內容所圍住的花園，而汲取該服務使用者創造的所有資料，違反了消費者的隱私，也是反競爭的服務。」當印度政府終於裁定臉書將不得藉由提供有限的一組網站來「塑造使用者的網際網路經驗」時，臉書董事安德森憤怒地在推特上發文說：「反殖民主義數十年來為印度人帶來經濟災難，現在又何必停止？」雖然安德森對其推文所引發的反彈（主要來自矽谷的印度科技人社群）感到驚訝，但是他無意中暴露了一項以前未曾說出的事實：臉書和谷歌是新殖民強權。

世界霸權的爭奪戰方興未艾。如果谷歌的佩吉擔心會有競爭者崛起，那個人可能就是祖克柏。雖然臉書剛開始是以外顯的社群網站與方便社群成員通訊的形式經營，但是現在的營運則和谷歌一樣是以監視行銷事業為主。臉書和谷歌把你給它們的資料出售給行銷人員，谷歌透過你的搜尋歷史取得資料，臉書則是透過你的社群媒體貼文取得資料。臉書生態系，包括 WhatsApp、Messenger 及 Instagram 的規模極為驚人，臉書本身有十六億名使用者、WhatsApp 有十億人、Messenger 的使用者有九億人，而 Instagram 則有四億。臉書控制美國百分之七十五的行動社群媒體平台，這在任何正常的反托拉斯體制下都會被視為壟斷。不過和谷歌一樣，臉書向來會把自己說成是公共服務業者：「不作惡。」、「誰會反對它？」但是根據二〇一四年線上身分管理業者 MyLife 做的調查顯示，百分之八十二．九的受訪者表示不放心把個人資料交給臉書。我是臉書使用者，而且在許多方面認為它是很棒的通訊工具。我猜你也會發現，祖克柏這位二十歲就創立公司的急性子年輕人正在長大，愈來愈了解他經營全世界最大的社群網站所必須承擔的龐大責任。

電影《社群網戰》中描述的那位叛逆少年，已經因為婚姻和晉升人父而有所改變。佩吉、提爾及貝佐斯都已經四、五十歲了，他們的自由放任主義思想已經相當穩固，但是看著祖克柏在過去十年的演變，就像在看這個人與他的公司漸漸成熟的過程。我可能是一個傻瓜，認為也許祖克柏並不是真的相信他的工作是把二十一世紀帶給四十億還未上線的人，但是即使我錯了，這一切只是某種驚人的公關表演，連結二十億人到一個網站，仍將迫使祖克柏必須面對我們這個時代的三個重大問題：隱私在我們生活中扮演的角色、廣告在媒體環境將要扮演的角色，以及傳播的未來發展。

二

滿頭鬈髮的哈佛大學二年級學生，二〇〇三年秋季為被命名為 Facemash 的網站寫程式的祖克柏，想必無法想像自己日後會成為《時代》雜誌的年度風雲人物。綠色眼睛配上滿臉雀斑的他身材削瘦，讓他的頭顯得有點太大。他大半輩子都穿著一件像是制服的灰色T恤、鬆垮的牛仔褲及愛迪達（Adidas）夾腳拖鞋。因為被一位女孩拒絕，受到刺激的祖克柏在腦海裡浮現了 Facemash 的構想，設計出這個用來評比哈佛大學學生「性感指數」的網站。Facemash 利用原本用來讓電腦對弈玩家較量的程式，一次顯示兩張相同性別的臉，讓用戶評比哪一張較具吸引力，勝出者將與另一名新對手進行比較；甚至在最早的程式版本中，偶爾會出現一隻農場裡的動物參與評比。祖克柏以標準「不徵詢同意」的方式入侵各宿舍網站，從「哈佛學生宿舍名冊」中擷取所有學生的照片——而這些照片都是新生在入學時所拍攝，類似駕照上的那種典型拙劣照片。在刪除農場動物的照片後，祖克柏正式推出該網站，利用哈佛大學的網路，由他宿舍裡的筆記型電腦進行操作。

網站設立的數小時內就有四百五十名學生造訪，並為兩萬兩千張成對照片投票。學校的電腦服務部門想不透學校的網路速度為什麼會變慢，直到追蹤至祖克柏的宿舍，並且切斷他的網路連線為止。第二天早上，在性別歧視、種族歧視及愚蠢等各種批評聲浪中，祖克柏登上《哈佛緋紅報》（*Harvard Crimson*）頭版，一篇社論說他「滿足了哈佛學生最惡劣的一面」。它可能是歷來最短命的網站之一，但是我們必須了解，除了青少年惡作劇的性質以外，祖克柏對年輕人基本自戀心理的了解，可能遠遠超越《哈佛緋紅報》的編輯。在接受哈佛大學留校察看的處罰後，他向女性社團公開道歉，並且同意接受顧問的輔導。他和室友以一瓶唐培里儂（Dom Perignon）頂級香檳慶祝獲得輕判。創造一炮而紅的事務所引發的刺激感已烙印在祖克柏腦海中，他想要更多。

幾個月後，祖克伯已積極建構 Thefacebook，也就是現在有十五億使用者平台的初始哈佛版。Thefacebook 並非第一個社群網站，當時 Friendster 已經擁有超過三百萬名使用者，而Myspace也才剛剛推出。但是祖克柏了解到的三件事讓他最後取得成功，免於像其他先行者一樣失敗的命運。第一是簡單的設計。Thefacebook一目瞭然的外觀與擁擠且毫無章法可言的Myspace恰好形成對比，Myspace視為優點的功能（每個人都能精細地設計自己網頁的能力）被證明是缺點。簡潔也讓伺服器的負荷較小，網頁載入較為迅速；相較之下，Friendster往往需要一分鐘以上的載入時間。祖克柏知道一般大學生同時關注許多事務（多工）的習慣，近乎注意力不足過動症（ADHD）患者，因此速度是關鍵。

第二，藉由只在菁英大學校園開放這項服務（他在兩個月內於多數長春藤聯盟的大學中推出），不但達成學生自負心理的訴求，也可利用大學校園既有的緊密社群網絡。週四晚上想知道朋友都在做什麼的渴望，在大學校園裡可能會比在任何其他地方更加強烈。此外，藉由控制推出的規模，他得以避免損害了Friendster的技術性當機問題。它容許祖克柏與他已加入公司的室友達成臨界人數，而無須花數百萬美元擴充伺服器容量。

最後，Thefacebook團隊了解網站將提供的公共機能性質。在該網站復活兩週後，《哈佛緋紅報》刊登的一篇文章中，阿梅莉亞．列斯特（Amelia Lester）寫道：「不難理解為何人們，尤其是哈佛學生，認為塑造線上角色的機會是如此吸引人……Thefacebook可以呈現並讓世界知道我們是重要的個體。總而言之，這是哈佛學生最擅長的事。」後來事實證明，想塑造線上角色的不只是哈佛大學的菁英孩子，而是每個人的願望。

二〇〇四年春末，當 Thefacebook 真的開始成長時，祖克柏和左右手達斯廷・莫斯科維茨（Dustin Moskovitz）決定夏季前往矽谷。五月，祖克柏在紐約的一家中國餐廳遇見帕克，並對帕克被認為是不合法的奈普斯特故事印象深刻。祖克柏在就讀菲利普艾斯特學院高年級時，曾編寫一個音樂推薦引擎，因此奈普斯特讓他深深著迷。當祖克柏和莫斯科維茨在六月前往加州帕羅奧圖時，偶遇因為被線上地址目錄申請公司 Plaxo 開除而無家可歸的帕克。基於天真信賴的個性，祖克柏邀請帕克在他和莫斯科維茨合租的房子同住。帕克承諾會教導他們認識以鯊魚缸（Shark tank）聞名的沙丘路（Sand Hill Road）創投圈，也就是矽谷創業投資業的大本營。帕克在扮演這個角色時做了兩件重要的事：第一，他說服祖克柏專注於臉書，雖然年輕的祖克柏當時花了許多時間在寫一套稱為 Wirehog 的程式，但 Wirehog 基本上是另一個版本的奈普斯特。帕克說服祖克柏，Wirehog 只會惹來被內容社群控告的麻煩，臉書最棒的是由使用者提供所有內容，沒有竊取相片或音樂檔的必要，不像 Facemash 或帕克在奈普斯特的做法；第二件事則是介紹祖克柏與提爾認識。

提爾幾乎立刻明瞭臉書的潛力。正如柯克派崔克在《臉書效應：從零到七億的串連》（*The Facebook Effect: The Inside Story of the Company That Is Connecting the World*）中解釋：「每當一所新學校開放時所將發生的狀況，是最讓提爾印象深刻的。通常幾天內，網站就會吸引幾乎所有的學生造訪，而且超過百分之八十的使用者，每天都會重回網站！」這是前所未見的事，提爾知道臉書符合他對成功的四項分類條件。它的專屬技術具備可擴大規模的網路效應，還有一個好品牌。然後帕克說服祖克柏去除名稱中的「The」以強化品牌識別，變成「Facebook」。提爾立刻提供臉書五十萬美元貸款，並且可轉換為百分之十股權。提爾會以貸款形式給錢，是因為祖克柏與宣稱他竊取構想的哈佛學生之間有許多爛帳要解決。

三

在繼續敘述祖克柏的故事前，我想先探究一下為什麼他的發明會在通訊世界裡製造如此根本的轉變。臉書改變了隱私為何物、身為一個少年有什麼意義，以及「人類產品」是什麼的標準。我們常常聽說，如果你沒有付錢購買，你就不是顧客，而是產品。也許祖克柏最偉大的見地是人們對於被「按讚」的渴望是如此強烈，讓臉書的使用者願意免費在該網站上創造所有的內容。《紐約時報》指出，二〇一四年，臉書的十二億三千萬名固定使用者每天會登入該網站十七分鐘。以總數來看，相當於這些人每天集體在臉書上花費超過三萬九千七百五十七年，等於每年有接近一千五百萬年的免費勞力，卡爾・馬克思（Karl Marx）應該怎麼也想不透。

第一個必須詢問的問題是，為什麼我們願意免費付出勞力與個人資料給一家如此盆滿缽盈的壟斷企業。為了了解原因，由丹尼爾・韓特（Daniel Hunt）領導的康乃狄克大學（University of Connecticut）研究人員，嘗試探討為什麼人們要花費這麼多的時間上臉書。部落格 *ReadWrite* 摘錄這項研究如下：

> 研究人員長期以來都知道參與線上活動有五類廣泛的動機：尋找資訊、人際通訊、自我表達、消遣及娛樂。韓特領導的研究目的是探究驅使人們花費時間上臉書的原因是否相同。該研究證實，除了尋找資訊以外，驅動線上活動的其餘行為因素都適用於臉書，其中娛樂和消遣是臉書活動的兩大驅動因素。

其研究的真正發現是，雖然我們剛開始登入臉書是為了人際溝通，但是很快就用它來對抗無聊。不過，對抗無聊不會是唯一的理由，因為年輕成人有許多娛樂選項。使臉書和其他社群網站有所不同的是，它在自我表達的角色上，是以正面的角度向同儕呈現自己的需求。一九八七年，心理學家哈瑟爾・馬庫斯（Hazel Markus）和寶拉・紐瑞爾斯（Paula Nurius）指出，人有「現在的我」與「可能的我」這兩個自我，臉書讓人可以藉由最好看的自拍照、最酷的派對照，以及或真或假的理想生活表達，來呈現「希望實現的可能的我」。

但自我的呈現未必是自願的。茱莉亞・安格文（Julia Angwin）在著作《羅網之國：在無盡監視的世界追求隱私、安全和自由》（*Dragnet Nation: A Quest for Privacy, Security, and Freedom in a World of Relentless Surveillance*）中，敘述芭比・鄧肯（Bobbi Duncan）的故事：

> 就讀德州大學奧斯汀分校（University of Texas, Austin）的二十二歲同志女學生鄧肯試著向家人隱瞞她的性向，但是當校園的酷兒合唱團（Queer Chorus）團長把她加入合唱團的臉書社群時，臉書不經意地洩漏了她的祕密。鄧肯不知道好友可以不經過她允許就把她加入社團，而臉書則會寄發一則通知給在她好友清單裡的所有人，包括她的父親在內，宣布她的加入。

從鄧肯父親在她臉書塗鴉牆上的留言——「地獄等著妳們這些變態，祝妳們在那裡唱歌好運」，不難明白為什麼鄧肯會不想公開性向。她不得不公開的部分原因是基於祖克柏和他的臉書團隊堅持「徹底透明」的概念——開放是臉書服務的首要目標，因此你只能使用真名。但是包括鄧肯在內的許多人不同意這個概念。祖克柏曾告訴柯克派崔克：「要達到這種更開放的地步是一大挑戰，但我想我們會勇往直前。對許多人來說，你分享愈多，世界就愈好的概念還很陌生，而且與這些隱私顧慮相互抵觸。」

二〇〇七年，臉書對「這些隱私顧慮」的鄙視，在推出一項稱為燈塔（Beacon）的應用程式時首度浮現。基本上，它是一個警示系統，會告訴你的好友，你在合作網站購買了某樣東西。它被設計成一種可選擇不參與的系統，所以你必須每次都主動告訴臉書，不希望該網站向所有好友廣播你的購買。這項程式從一開始就是一場災難，但是祖克柏自信滿滿地認為他比使用者更聰明，因此一連幾週坐視公關災難升高，拒絕關閉該程式。最後，祖克柏的態度軟化，在他的部落格張貼一篇認錯的道歉文章，說：「我們在設置這項功能時犯了許多錯誤，但是我們在處理它們的方法上犯下的錯誤卻更多。」儘管祖克柏感到後悔，並且支付九百五十萬美元於燈塔所引發的集體訴訟，但許多為祖克柏工作的人仍覺得他並不是真正地了解隱私。祖克柏的主要程式設計師查利．切弗（Charlie Cheever）告訴柯克派崔克：「我覺得祖克柏並不是真的相信隱私，或者基本上只相信這是（通往徹底透明的）墊腳石。」

二〇一四年初，隱私議題再度被點燃，當時《華爾街日報》報導臉書對將近七十萬名使用者進行大規模的社會科學實驗：

為了判斷臉書能否改變使用者的情緒狀態，並且促使他們張貼更多正面或負面的內容，該網站的資料科學家設計了一套運算法，在一週內自動刪除六十八萬九千零三名使用者的主要動態消息中，包含有關正面或負面情緒字眼的內容。

結果顯示，這項實驗十分「成功」，證明臉書可以相當容易地操縱使用者的情緒，但是部落格圈的反彈極為強烈。蘇菲・韋娜（Sophie Weiner）在 AnimalNewYork.com 上寫道：「顯然許多人擔心的事已經變成事實，臉書正把我們當成實驗室的老鼠，不但發現我們會對哪些廣告有反應，而且已經做到可以改變我們的情緒。」

二〇一六年五月，臉書董事提爾捲入隱私辯論，原因是有消息傳出提爾資助浩克・霍肯（Hulk Hogan）對線上新聞網站《高客》（*Gawker*）提出的訴訟，霍肯控告《高客》在線上公開一部性愛影片，侵害他的隱私。提爾對外聲稱，他的目的是要摧毀《高客》，因為《高客》旗下的刊物 *Valleywag* 於二〇〇七年報導提爾是同性戀者。該事件後，提爾曾說：「*Valleywag* 是矽谷版的蓋達組織（Al-Qaida）。」他在九年後終於等到報復的機會，並告訴《紐約時報》：「我認為《高客》帶頭示範一種獨特又極具破壞性之吸引注意的方法，就是霸凌他人，即使這與大眾利益毫無關聯。」這番表白很快引燃矽谷和媒體之間的戰火。祖克柏公開表示，隱私標準不斷演進，董事提爾也加以聲援。

但是面對《高客》，提爾仍再度主張他的隱私權，雖然全矽谷的人幾乎都知道他是同性戀。諷刺的是，在 *Valleywag* 撰寫該篇文章的同性戀作者歐文・湯瑪斯（Owen Thomas）在文章結尾說：「這是我認為很重要的事：提爾，全世界最聰明的創投資本家是同性戀者，祝你愈來愈成功。」

提爾私下坦承資助控告《高客》的訴訟後，臉書董事會的同僚安德森出面為提爾辯護，在推特上發文：「綠色和平（Greenpeace）與塞拉俱樂部（Sierra Club）等許多進步團體，都經常資助其他原告提出的訴訟。」但安德森沒有提到這些團體是公開資助，而非祕密為之。另一位創投資本家維諾德・柯斯拉（Vinod Khosla）則是在推特上聲援道：「新聞媒體在面對挑戰時表現得很傲慢。」不過，在推特上有眾多聲援提爾的支持者是來自川普的極右派團體（提爾是川普的代表人），其使用的主題標籤為「#ThankYouPeter」。川普的主要支持者，《布萊巴特新聞網》（*Breitbart News Network*）米洛・雅諾波魯斯（Milo Yiannopoulos）寫道：「具備自由概念的 PayPal 創辦人提爾，展現出宛如蝙蝠俠的氣概，這位矽谷英雄必須如此。」但是，矽谷的公關專家傑森・曼岱爾（Jason Mandell）卻突顯出自由放任主義信仰與新聞自由的根本矛盾。他說：「像提爾這一類的人很習慣於告訴工程師『這個壞了，修好它』，他們不了解新聞媒體與大眾的獨特交互關係，也不了解憲法第一修正案和言論自由與媒體的關係。」

當然，提爾支持的總統候選人川普揚言要廢除媒體組織的誹謗免責權，應該會令人心生警惕。二〇一六年二月，川普在群眾大會上說：「如果我勝選，要做的一件事就是……我要修改誹謗法，所以當他們刻意寫負面、可怕及虛假的文章時，就可以控告他們，然後賺很多錢。」二〇一六年五月，尼可拉斯・勒曼（Nicholas Lemann）在《紐約客》上指出這件事非同小可，他寫道：「別忘了提爾是史丹佛大學法學院的畢業生，曾在聯邦第十一巡迴上訴法院工作一年，而且在他的世界裡，『規模』（scale）和『破壞』（disruption）是每一種投資的理想結果。他當然深知這個訴訟案件有潛力推動一波對美國新聞媒體法根本問題的重新檢視，其所帶來的影響將遠遠超越《高客》的命運。」

當前的論述似乎是，我們告訴自己，隱私是一種我們與大公司交易的貨幣，用來交換創新，但是大公司對我們最個人的資料有著貪得無厭的胃口，為的要是驅使我們在任何醒著的時刻都從事消費。我想這一點很重要，因為社群網站在許多方面是強大的從眾引擎。學生發展自己的思想、身分認同及政治傾向的能力，應該在臉書的圓形監獄（Panoption）監視之外發生，但這是否早已變成不可能之事，卻是個明顯的問題。在我的記憶中，在十五歲至二十一歲間政治和文化認同的形成，與脫離父母和克里夫蘭家鄉保守的老一輩，甚至兄弟姊妹的批判有關，我不確定如果我們都一起上臉書會是什麼情況。

四

也許隱私現在已成為無可救藥的過時觀念，也許祖克柏對隱私不再是社會常態的信念已經成為主流想法。不過，把個人隱私交給一家相信正在提供我們必要服務的公司是一回事，而對美國聯邦政府敞開我們的個人生活又是另一回事。

祖克柏對隱私已成過去的信念，是否影響他與政府監視的關係？二〇一三年六月，格倫·格林華德（Glenn Greenwald）在《衛報》的報導中揭露，臉書、谷歌和蘋果（以及另外四家線上服務供應商），在二〇〇九年允許國家安全局的稜鏡（PRISM）監

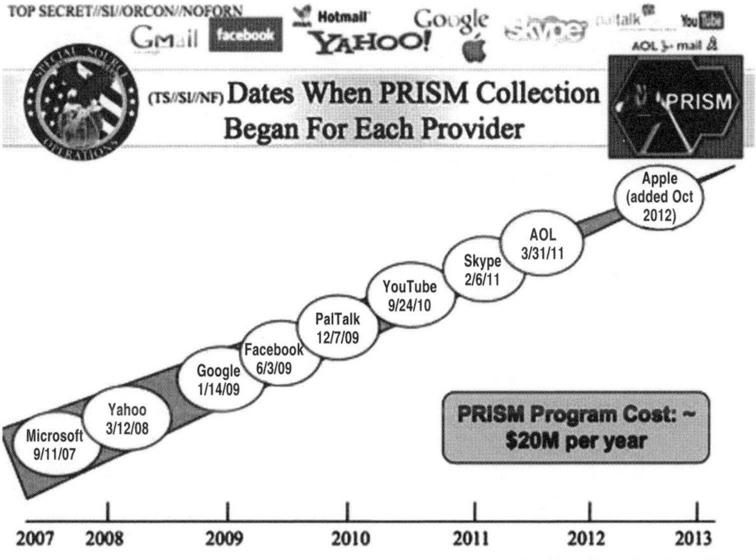

▲ 上圖為國家安全局內部關於稜鏡計畫的一張幻燈片圖表。

視計畫直接進入它們的全球網路。以下是國家安全局內部簡報的一張幻燈片圖表。

凱文・卡希爾（Kevin Cahill）在英國《電腦週刊》（*Computer Weekly*）撰文指出：「自本世紀初開始，國家安全局對於全球大規模監視的可能性已愈趨明顯，因為美國九家最大的網際網路供應商，已成長到佔全球網際網路使用者的百分之五十以上，這些網際網路巨人發展的範圍，已經大到馬里蘭州米德堡（Fort Meade）國家安全局總部的情報人員意想不到的程度，因此在這些情報人員介入後，有超過九家公司屈服並交出客戶資料。這是截至目前為止，人類史上最大的一起入侵事件。」

什麼時候行銷監視停止，而情蒐監視開始？當格林華德根據史諾登揭露事件所寫的報導刊登後，祖克柏回應表示，政府在保護人民的隱私上做了一件「差勁的事」，他說：「坦白說，我認為政府搞砸了。」但是他究竟有多努力抗爭來保護使用者？還有臉書是否在因為商業目的而蒐集消費者資料時，對保護使用者隱私做了同樣差勁的事？這似乎也是蘋果在二〇一六年二月並未獲得臉書與谷歌聲援的原因。當時蘋果選擇拒絕聯邦調查局在iPhone 6的程式編碼中設置一個後門的要求，正如一名蘋果迷在推特上的發文：「為什麼谷歌、臉書及微軟沒有支持（蘋果執行長）庫克？因為它們的商業模式是監視和出售資料！而蘋果出售手機！」

五

要回答為什麼臉書「監視和出售資料」，就必須了解它們為什麼需要你所有的資料。答案很簡單，臉書的經營模式仰賴比同類網站來得高的廣告費率，這是臉書和谷歌之間展開基本競爭的所在。哪一家公司可以累積最多關於你的資料，就能以最高的價格出售精確瞄準你的廣告。目前臉書似乎領先，二〇一五年第四季正當谷歌的廣告費率下跌時，臉書宣布：「單位廣告的平均價格比去年同期增加百分之二十一，總廣告曝光次數則比去年同期增加百分之二十九。」臉書廣告價格能夠提高的原因，在於能夠精準地瞄準你。如果我想接近年齡二十五歲至三十歲、郵遞區號三七二〇六、喜歡鄉村音樂和喝波本酒的女性，臉書辦得到。此外，臉書往往能讓這些女性的朋友在目標消費者的動態消息上張貼「贊助故事」，讓它看起來感覺不像是廣告。正如祖克柏在介紹臉書廣告時表示：「沒有比由自己所信任朋友的推薦更能影響人的，值得信賴的推薦人就是廣告的聖盃。」基本上，臉書已經為二十億人建立了龐大的消費者偏好資料庫。正如廣告業最受推崇分析師之一的鮑伯・加菲爾德（Bob Garfield）解釋：

理論上，這應該對消費者行銷人員來說是好事，而且對消費者也可能有利，儘管會帶給人活在被廣告跟蹤的毛骨悚然感之中，不過也給政府或不安好心的資料竊賊取得並濫用大量資料的機會。監視行銷、警察國家，加上境外組織犯罪，暗示了一個喬治・歐威爾（George Orwell）、亞瑟・庫斯勒（Arthur Koestler）、法蘭茲・卡夫卡（Franz Kafka）、阿道斯・赫胥黎（Aldous Huxley）及索忍尼辛在迷幻藥派對上也無法想像的可能情況。

加菲爾德是國家公共廣播電台（National Public Radio, NPR）節目《上媒體》（On the Media）的共同主持人，以及《廣告時代》（*Advertising Age*）專欄作家，向來以直言不諱著稱，這也是他在這裡會如此有幫助的原因。當谷歌和臉書的發言人在為各自的隱私政策辯護時，總是強調所有的資料都經過「匿名化」，但是加菲爾德卻一針見血地輕易道破：

> 按照目前的軌跡發展，如果沒有立法、監管或司法的干預，資料庫將會呈現指數型成長，而且資料的使用將會日趨精確。資料側寫將保持匿名，因為行銷人員不會有興趣知道被監視與瞄準的消費者姓名，他們感興趣的只有那個人的支票帳戶。在

這種情況下，藉由重疊線上活動、地圖位置及採購行為等資料庫，他們對你 IP 位址的了解將會多過你妻子對你的了解。

網際網路上的目標廣告問題遠遠超越臉書和谷歌所帶來的癥結，即使它們是支配市場的兩大業者。根據摩根士丹利（Morgan Stanley）分析師布萊恩・挪威克（Brian Nowak）的研究，在二〇一六年第一季，花費在線上廣告的每一美元中，就有八十五美分流向谷歌或臉書。因此所有內容供應者，不管是音樂人、製片人、新聞記者或攝影師，只要想吸引視聽眾就必須與谷歌或臉書打交道。

對內容供應者來說，程式化廣告（programmatic advertising）會為爭奪利用你的資料而開闢新戰場。不用說，你可能好奇不管為何上什麼網站，總是會被特定的廣告主緊緊跟蹤。假設你正考慮要前往拉斯維加斯，所以搜尋了一家拉斯維加斯旅館的價格，雖並未購買，你的電腦現在就已經植入一個拉斯維加斯的 cookie 了。在你下一次登入後，當一則廣告載入你的網路瀏覽器時，該網頁和你的 cookie 資訊便會傳送到一個廣告交易平台，該交易平台會以即時方式對拉斯維加斯廣告主拍賣這些資訊，看誰願意支付最高價格刊登廣告，然後得標者的廣告就會立刻傳回到你的網頁上，一切只要花費幾毫秒的時間。這就是程式化廣告，而這套目前支配網際網路廣告的系統有兩個基本問題。

第一，它讓高品質內容處於劣勢，因為廣告主對網站的內容不感興趣，只對瞄準你感興趣。因此，《紐約時報》的官方網站和一個色情網站沒有差別，《紐約時報》花費數百萬美元製作內容，並且期待從高品質「環境」刊登的廣告，收取較高的廣告費率，但是程式化廣告卻摧毀了整個價值結構。

對廣告主與內容擁有者來說，第二個問題是詐騙問題，而這在廣告業則是一個幾乎沒有人想要談論的議題。二〇一五年《彭博商業週刊》的一篇文章直指這個現象：

數位廣告的觀看者愈來愈少是人類了。一項去年與全國廣告主協會（Association of National Advertisers, ANA）共同進行的研究中，他們在數十億則數位廣告裡植入程式，以判斷什麼人會看什麼廣告。百分之十一的展示型廣告（display ads）和近四分之一影片廣告的「觀看」者是軟體，而不是人。這項由證券業者 White Ops 與全國廣告主協會一同進行，主題為「機器人流量：數位廣告中的詐欺」（The Bot Baseline: Fraud In Digital Advertising）的研究估計，假流量今年讓廣告主白白花了六十三億美元。

為什麼美國品牌商願意支付六十三億美元的廣告費給機器人？第一個原因是目前的「廣告科技」業就像淘金熱的蠻荒西部，充滿詐騙者。不過，這種情況很快就會有所變化。二〇一五年二月，LUMA Partners 執行長泰瑞・卡瓦佳（Terry Kawaja）在一項集會上指出，市場上兩千多家廣告科技公司中，只有一百五十家可能存活。*Digiday* 報導他的演講，並搭配不祥的標題「廣告科技業的寒冬將至」（Winter is Coming for the AD Tech Industry）。整併的受益者將是谷歌及其廣告科技子公司 DoubleClick，它們原本就已經佔有該市場的一大部分，等「冬天」來臨時將可買下較小型的業者。對此，加菲爾德又說：

> 我想立法議員、監管機構和司法界最後將（也許很快就會）開始整頓局面。此外，隨著世界更加行動化，一個 cookie 更少的環境將出現，使得追蹤更加困難。我想，廣告科技就是它本身最大的敵人。機器人的詐欺、程式化購買及廣告阻擋，正讓行銷人員浪費數十億美元，並削弱廣告傳達給真正人類的能力，代表這種威脅的數位行銷系統本身已出現惡化的趨勢，也許將發生內爆。

加菲爾德對於廣告阻擋程式所提出的警告似乎頗具先見之明。數位行銷顧問公司 Tune 預測，使用廣告阻擋程式的智慧型手機，在二〇一七年第三季時可能達到百分之八十。蘋果在廣告阻擋戰爭中已採取與谷歌和臉書的相反立場，因為蘋果幾乎沒有廣告收入。蘋果在 iPhone 與 iPad 上都支援許多阻擋廣告的應用程式，讓谷歌和程式化廣告業者大感驚恐。如果程式化廣告的世界真的內爆，結果可能會很難看，但對《紐約時報》這類高品質內容的發行商來說可能是一大利多——廣告費率在高品質環境應該較高的概念，多年來對《紐約時報》等出版業者和康泰納仕等公司助益良多。程式化廣告的世界摧毀了此種架構，因此它的毀滅或許可以使情況恢復，讓高品質內容產生較高的費率。然而，即便預測成真，最優秀的刊物也將愈來愈仰賴臉書來獲得讀者。二〇一四年，線上新聞來源如 *BuzzFeed* 和《赫芬頓郵報》的入站流量，有近百分之五十來自於臉書，正如彭博媒體集團（Bloomberg Media Group）執行長賈斯汀·史密斯（Justin Smith）所說：「現在藉由臉書獲得一半到三分之二流量的業者清單，比外界所知長上許多。」

六

新聞事業的前途真的操縱在臉書的手中嗎？從一個由臉書供養 *BuzzFeed* 和《赫芬頓郵報》的世界中，最明顯的一件事似乎是以更低價格創造更多內容才是致勝策略。*Digiday* 觀察這場被部分人稱作「內容高峰期」（peak content）的競賽，並發現二〇一〇年，《紐約時報》的新聞編輯室僱用了一千一百名員工，每天製作三百五十則原創內容，吸引一百七十四萬次點閱；與之對照，《赫芬頓郵報》則僱用了五百三十二人，每天張貼一千兩百則內容（大多數由第三方網站製作），吸引四千三百四十萬次點閱。我們不難從中理解原創新聞業者的前途正面臨威脅的原因。

這些刊物或許都能吸引一些閱聽大眾，但是正如愛德曼（Edelman）首席內容策略師史蒂夫．魯貝爾（Steve Rubel）指出：「我們的看法是，內容出版只有在呈現在能吸引最多時間、注意力及錢的平台上，才能被人們看到的現象愈發明顯。」而兩大掌控的平台就是臉書和谷歌，雖然蘋果也在努力跨入這個空間。因此，能見度帶來獲利。這又再次引發我稍早所提出的問題：臉書會變成「放租者」（rentier），而向為了想要接觸其十六億使用者的出版業者收費嗎？不過或許更大的問題是：這種強調把大量產品擠入臉書等平台的做法，會讓我們獲得更多或更少的資訊？點擊誘餌會讓我們的文化變得低俗，或只是提供更多樂趣，來消除我們似乎無盡的無聊嗎？一個獨斷的編輯手中，握有哪些文章在臉書上獲得最多「讚」的資料，可能會把編輯室變成血汗工廠，以文稿數當作判斷你的生產力和決定你薪水的標準。對我來說，這是一個令人沮喪的未來媒體前景，也是掌控著幾乎所有出版業者內容管道的祖克柏所必須思考的問題。推特共同創辦人，目前掌管 *Medium* 的伊凡．威廉斯（Evan Williams）告訴《衛報》，他很擔心這種「回饋循環」：

如果你觀察讚和轉推這種回饋循環，它們一直被很巧妙設計成把特定類別的行為最大化。但是如果我們用來獎賞人們的標準，幾乎不加以區別，無論只一秒鐘的點閱，或是閱讀具有價值或能改變思維的內容，均一視同仁，就好像你的工作是要餵飽人們，但你的標準只是把熱量最大化，你學到的會是垃圾食物比健康、營養的食物來得更有效率。

如果我們是在內容高峰期，也就是閱讀、觀賞及聆聽內容的量少得令人無法滿足的時點，祖克柏就得重新思考他的模式。二〇一六年八月，臉書宣布將改變動態消息的運算法，嘗試減少網頁上出現的點擊誘餌量，這對於仰賴臉書流量的高品質新聞事業會有什麼影響，仍有待後續觀察。

就目前而言，祖克柏的對策似乎是進一步掌控新聞內容。二〇一五年三月，臉書與《紐約時報》、《國家地理雜誌》（*National Geographic*）及 *BuzzFeed* 等新聞業者合作管理臉書上的內容，而不連結到新聞公司的網站。表面上的理由是這麼做可以讓文章行動裝置載入文章的速度更快，許多新聞媒體認為這是一項好提議，特別是對 *BuzzFeed* 這類網站來說，它們本身的網站可吸引的廣告很少，其所刊登的客製化文章，基本上都是偽裝成編輯內容的廣告〔在業界稱為原生廣告（native advertising）〕，所以把報導文章內嵌在臉書上會很有利；但是，對於《紐約時報》這類真正的新聞事業而言，這種安排卻充滿危險。威爾．歐瑞馬斯（Will Oremus）在*Slate*撰文說明這種困境：

> 新聞網站不是瞎子，知道把內容控制權及它們與讀者和廣告主的關係交給臉書，對自己不利。因此，或許它們可以聯合起來，共同決定應該怎麼對付臉書，它們無疑已審慎思考長期的犧牲……但新聞網站的運作一向不是集體式的，反而是彼此競逐相同的讀者和廣告主。而臉書已明白表示，愈早簽約的業者將可獲得在臉書點閱率的大幅成長。如果此點證明屬實，其他業者將會爭先恐後地跟進，即使它們很清楚自己的報酬率正在萎縮。另一方面，觀望者將會看到它們的臉書讀者枯竭殆盡，因為臉書的運算法將逐漸減少連結到第三方網站的文章。最後，臉書動態消息上的對外連結可能會完全絕跡。

在這裡，我們清楚看到壟斷力量的展現。《紐約時報》面對這個選擇，會有什麼替代選項？哥倫比亞大學（Columbia University）新聞學院的埃米莉．貝爾（Emily Bell）在一篇名為〈臉書正吞噬世界〉（Facebook Is Eating the World）的文章中寫道：「我可以想像我們將看到新聞公司完全放棄製作能力、技術能力，甚至廣告部門，把它們全部委託給第三方平台（如臉書）以求生存。」我希望這位年輕的臉書執行長願意深刻地思考他的公司將把媒體帶往何處。顯然大多數刊物已經接受臉書是它們讀者流量生態學中關鍵的一部分，但是如果它們放棄嘗試為自己的網站培養讀者，只是變成臉書文章的供應者，最後將會發現自己喪失商業存在的合理性。正如加州大學（University of California）經濟學者德隆在一系列推文中所向我解釋的「資訊財的資本主義往往誤入歧途」：

> 矽谷有一種標準說法：如果你沒付錢，你就不是顧客，而是產品。在資本主義經濟裡，銷售者有強烈誘因要滿足顧客的需求，他們希望顧客回購。但在這裡，顧客不是讀者，而是廣告主，廣告主關心讀者的觀看，而不關心讀者是否獲得高品質的資訊。

這對我來說是一大問題，因為過去十二年來，我是南加州大學安能伯格傳播與新聞學院的教授，我們正在訓練一批新世代的新聞記者，準備未來在《洛杉磯時報》（*Los Angeles Times*）和《有線電視新聞網》（Cable News Network, CNN）等地方工作，然而這些工作等他們畢業後可能已經不存在了。美國勞工統計局表示，全美一千三百七十五家日報的新聞編輯室員工可能減少到兩萬八千人以下，不到一九九〇年高峰期的一半。我們沒有教導他們如何撰寫聳動的推文來吸引追蹤者，而是如何進行採訪、撰寫引言及拍攝短片。韋瑟堤爾曾寫道：「隨著表達的頻率升高，表達的力量也將隨之減弱。」歐巴馬總統也在演說中指出：「從現在以後十年、二十年、五十年，想要了解我們這個年代的人不會搜尋那些被轉推最多次的推文。」我們當然不會教導學生要具備撰寫「贊助內容」的職涯能力，就像雅各．席維曼（Jacob Silverman）在 *The Baffler* 描述的：

> 贊助內容也稱為原生廣告，它借用所刊登的刊物外觀、名稱，甚至員工，向不知情的讀者推銷品牌訊息。早期網際網路上最為人詬病的橫幅廣告（banner ads）已經過時了，現在的贊助內容是垂直整合的、幾乎不負言論責任的內容行銷，而它的出現可以解決新聞業的現金流問題，或者據說如此。*BuzzFeed* 近日登出一篇名為〈下次度假必遊佛羅里達西南部的十五個理由〉（15 Reasons Your Next Vacatin Needs to Be in SW Florida）的文章，這只是過度擁擠的首頁上另一篇吸引目光的清單體文章，但是這篇文章旁有一個小小的黃色側邊欄，以不起眼的文字宣告「麥爾茲堡與薩尼貝爾海灘促銷」（Promoted by the Beaches of Fort Myers & Sanibel）。

如果大多數新聞事業轉向同《高客》或*BuzzFeed*的做法，我們的學生也許找得到工作，但是他們的適任能力將會遠遠超越等著他們的論件計酬新聞寫作。然而，他們會喜歡在《大西洋》上撰寫一篇由山達基教會（Church of Scientology）贊助，名為「大衛·密斯凱維吉（David Miscavige）領導山達基邁向里程碑紀年」的文章嗎？新聞的貶值在科技勝利論者，如紐約市立大學（The City University of New York）教授暨媒體權威傑夫·賈維斯（Jeff Jarvis）的談話中更為嚇人。對賈維斯來說，一切都是新聞，包括在你智慧型手機上「這裡有一家超讚的墨西哥捲餅店」的文告。這也許是新聞，但這是二十萬名新聞系學生未來的生計嗎？一台電腦就能做這個工作，就像路透社（Reuters）利用電腦把大部分的金融新聞稿轉換成新聞報導。

七

我說過祖克柏是整件事裡最複雜、最充滿矛盾的角色。首先，他捐出大部分的財富，與佩吉和提爾樹立的榜樣完全相反。他和妻子普莉希拉·陳（Priscilla Chan）在寫給女兒的公開信中，宣告他們將捐出手中股份的百分之九十九，並表示：「科技本身無法解決問題，打造一個更好的世界得先從打造強大而健全的社群開始。」這足以顯示祖克柏和妻子不像佩吉與提爾，他們並非科技決定論者，且承諾將為民主及其所暗示的所有麻煩事努力。民主興盛是因為政治和媒體有多元的聲音，如果臉書變成我的主要新聞來源，並且有能力過濾我所看到的新聞，公民廣場將不復存在。如果我刪除好友名單上的福斯新聞（Fox News）與保守派評論員大衛．布魯克斯（David Brooks），以便自己的世界觀能保持堅定，我們的民主原則之一——必須保持資訊暢通將會枯萎。二〇一六年的總統大選讓臉書的政治影響力成為焦點，《紐約時報》專欄作家曼裘寫道：「科技界人士普遍關切臉書和推特，助長新聞業的沒落與忽略事實真相的風氣。社群網站似乎也帶動一股謾罵、種族歧視及厭惡女性的潮流，就像川普先生的競選所充分展現的特性。」一個臉書網頁和一個谷歌 AdSense 帳號結合，就能讓來自蒙大拿與馬其頓的假新聞提供者靠著張貼假新聞賺錢。但祖克柏甚至拒絕承認臉書是一個多麼強大的媒體過濾者，宣稱相信臉書對選舉結果有任何影響是「瘋狂」的說法。當面對相反的證據時，祖克柏很快改變說法，他說：「我們不想變成真理的仲裁者。」對我來說，我們無法判斷教宗是不是為川普背書，或希拉蕊是否謀殺了小約翰．甘迺迪（John Kennedy Jr.），是真是假的說法似乎都只是推託之詞。如果祖克柏真的想要打造「強大而健全的社群」，就必須儘快面對這個問題。

想要這麼做就必須擺脫自由放任主義者的影響，他們之中有許多人是祖克柏的導師，而且似乎懷抱著與祖克柏大不相同的目標。就像二〇一三年夏季，當有關帕克婚禮的新聞傳出後，祖克柏一定已經發現了。帕克花費一千萬美元，在森林裡打造以《魔戒》為主題的夢幻婚禮場景，卻沒有申請任何許可。《大西洋》評論道：「沒有比僱用大隊推土機進入一片古老森林裡興建一座假的破城堡更能充分表達『我愛地球！』了。」帕克本人則是抱怨新聞報導他的婚禮，引來「一群網路謾罵者、生態狂熱分子及來自網際網路每個角落的憤怒鄉民」，導致「蜂湧而至的粗俗辱罵，淹沒了我們的電子郵件信箱與臉書專頁」。後來帕克支付兩百二十萬美元的罰款給加州海岸委員會（California Coastal Commission），但是在臉書上遭受的嚴厲批評與諷刺實在令他太難堪了。帕克說：「就像某種報應式的懲罰過程，我畢生努力打造的媒體總是反過來變成對付我的武器，公開而無情地攻擊我的個性和名譽。」

| 第九章 |

網際網路海盜

我不是海盜，我是創新者。

——金姆·達康（Kim Dotcom）

一

二〇一二年一月二十日，清晨五點過後，一輛 S-Class 的頂級賓士轎車開進一棟位於紐西蘭，大門口上鑲著巨大「達康宅邸」字樣的豪宅。坐在轎車後座的正是金・達康，這個世界上最有名的「海盜」。正如查爾斯・格雷伯（Charles Graeber）在《連線》上的經典介紹，達康以一身寬鬆的黑色嘻哈服飾包裹著他重達三百磅的身軀，在淡藍色的有色眼鏡下方，是突出的肥厚雙下巴，頭髮理得幾乎像是平頭。達康以肥短的手指捲動推特的貼文，搜尋對他最新推文的回應。過去的七個小時中，達康正在錄音室製作一張嘻哈專輯。他花錢僱用黑眼豆豆合唱團（Black Eyed Peas）的製作人普林茨・伯德（Printz Board），雖然伯德可能對專輯品質的要求極度嚴謹，但是達康不在乎，因為他控制著世界上最大的盜版音樂檔分享網站 Megaupload，據他宣稱有一億八千萬名註冊使用者。但達康不知道的是，在世界另一頭的聯邦調查局正準備沒收這個網域，並關閉該網站。達康上床睡覺，但是幾分鐘後就聽到警用直升機降落在車道上的聲音，強風捲起小碎石打在窗戶上。

直到我遇上達康為止，自由放任主義的哲學才終於走到邏輯終點。達康看起來像是一個極端人物，但他是網際網路部分遭錯誤使用行為的代表。全球資訊網的發明人伯納斯－李在去中間化網路高峰會（Decentralized Web Summit）演講時指出：「網路很棒，但是監視、封鎖網站、擅用別人的內容、引導人連結到不對的網站，這些做法完全破壞了網路協助人們創造的精神。」達康做的是「擅用別人的內容」，以便他搜刮所有利潤，而別人什麼也得不到。達康對自己的重要性也有一種過度膨脹感，在保釋出獄後，他錄製了一首名為〈總統先生〉（Mr. President）的歌曲。達康以饒舌唱道：「網際網路戰爭已開打，好萊塢已控制政治。政府正在屠殺創新，別讓他們逍遙法外。我有一個夢，就和金恩博士一樣。」這首歌繼續唱著：「言論自由呢，總統先生？你說的改變呢，總統先生？你要求行使緘默權嗎，總統先生？」

和谷歌及其「著作傳」（copyleft）[1]盟友一樣，達康把網際網路的言論自由與免費的盜版音樂與電影畫上等號。提爾和帕克可能以自由放任主義的偽善方式寫出達康的訴求，但是達康沒有帕克的文采，所以似乎不可能變成新免費音樂運動的領導者。達康靠著三十年來的詐騙才得到今日的地位，但真正讓他發財的是網際網路，不管是賺來或騙來的錢財。達康透過 Megaupload 遵循提爾的原則，打造出一種專門技術，以及一個透過網路效應放大規模的好品牌，但是在挖到 Megaupload 這個價值一億七千五百萬美元的金礦前，他總是與法律糾葛不斷。

一九九〇年代初期，少年達康還在祖籍德國的寄宿學校時，就開始入侵 PBX 這種多數美國公司所使用的大型中央電話交換機。達康曾說：「就像是走進夜不閉戶的瑞典小鎮，你進去之後就變成超級使用者，而且基本上能夠控制整個網路。那是一個金礦。」最後他產生了設置相當於德國版 1-900 付費電話服務的想法來詐騙德意志電信（Deutsche Telekom）。電信公司會支付一定比例的費用給這類服務的營運商，每通電話大約每分鐘十五美分，達康再入侵企業的 PBX 電話交換機，利用它們在晚上撥打上百通電話給自己的服務。這樁詐騙持續三年，在達康被逮捕入獄前，賺進大約二十萬美元。達康表示 MCI 和 AT&T 的代表還來探監，急著想要知道公司的 PBX 電話交換機為什麼會這麼容易就被入侵。出獄後，達康創立了最早的「白帽」（white hat）駭客顧問公司之一，以便將他的知識出售給大公司。正如格雷伯的描述：「當時他才二十歲出頭，大發利市，購買昂貴的客製化汽車與上好的西裝，租用遊艇，並在許多夜總會裡豪擲千金，十分招搖。在成長期間，他從未覺得自己很特別，現在他左擁右抱，派頭十足，還成為德國雜誌的跨頁特寫人物。」

但是，達康仍舊抗拒不了詐騙的誘惑。他買進一家名叫 LetsBuyIt.com 公司的股票，並宣布準備投資五千萬美元來重振該公司的營運。股票上市當週，股價大漲百分之兩百二十，達康賣出大部分的股票並潛逃至曼谷。德國證券管理當局指控他進行內線交易和操縱股價，引起輿論一片撻伐。當一家德國電視台發現達康躲在曼谷君悅酒店（Grand Hyatt）的總統套房時，他其實只是想叫監管當局別來煩他：「我告訴他們，如果這是德國對待他們創業家的方式，我就不知道自己還想不想回德國了。那是不對的。」這句「不對」，讓德國檢察官聯絡駐曼谷的大使館撤銷達康的護照，達康因此成為非法入境的外國人，泰國警方將他逮捕，並把他丟進住滿外籍移工的監獄裡。當德國提供一份為期兩天的護照交換他回國，達康屈服了。回到德國後，達康成為報紙上最大的犯罪新聞主角，一個標準的詐騙犯——滿口大話的駭客王淪為階下囚。達康在囚牢中待了五個月，然後決定認罪，以交換出獄和離開德國。

二〇〇五年三月，達康逃到香港，並設立 Megaupload。這基本上是一個會員網站，任何人都可以上傳電影或音樂檔，並且設立標籤。上傳大量檔案的會員可獲得額外的服務，所以他們就有了以盜版內容擴充網站的動機。達康在兩年內賺進至少一億七千五百萬美元，並且誇耀 Megaupload 在全盛時期有一億八千萬名會員，管理一百二十億個檔案。美國檢調單位宣稱，Megaupload 當時佔全球網際網路每日流量的百分之四，幾乎每部電影和每首歌曲的檔案，都可以從該網站免費取得。

二〇一一年，Megaupload 被關閉後，盜版的流量只是轉向別的網站。全球盜版持續以每年近百分之二十的速度成長，網路上專門上下載盜版內容的網站就有五百七十個。

二《廣告時代》摘要互動廣告協會（Interactive Advertising Bureau, IAB）的報告表示：「盜版內容每年從電影、音樂及電視產業估計賺取二十億美元，消除盜版每件將可為合法內容創造四億五千六百萬美元的額外廣告營收。」不過，除了盜版對廣告和內容產業造成的破壞外，創作那些吸引會員與廣告主作品的獨立音樂人和製片人，都未曾從 Megaupload 獲得分文。二〇一三年，英國版權管理機構音樂表演版權協會（PRS for Music）與谷歌公布一份標題為「侵害版權的六種商業模式」（The Six Business Models for Copyright Infringement）的聯合報告，揭露廣告贊助的點對點搜尋網站中，有百分之八十六涉及非法散播內容。這個發現清楚顯示，許多主要品牌並不知道它們實際上是盜版業的重要資金來源。

二〇一二年，南加州大學安能伯格創新實驗室著手調查為什麼幾乎所有此類的廣告，最後都在像 Megaupload 這類的網站上刊登。我們發現，谷歌的 Ad Exchange 和雅虎，以及完全違法的 Propeller Ads 與 SumoTorrent 是主要來源。然而，以龐大的廣告費來餵養這些盜版網站的，當然是福特汽車（Ford Motors）、花旗銀行（Citibank）、Nationwide 等大品牌公司。我們注意到這些廣告似乎瞄準年輕男性，也就是那些準備購買第一輛汽車、首次買汽車保險、正在挑選銀行的潛在顧客。當報告公開後，谷歌因為被指名為違犯情況最嚴重的網路廣告商而大感震怒。谷歌寄給我們一封信，部分內容如下：

除了加入我們網絡的網路外，數百萬名廣告主和出版業者均使用我們的DoubleClick技術來管理數位廣告業務，不只是在我們的網絡上，也遍及整個全球資訊網。廣告主和出版業者最終決定如何使用這項科技，也無法「預知」這些廣告都在何處出現（我們也未分到任何收入）。不過，當我們知悉DoubleClick技術被用於侵犯版權網站的廣告時，會聯絡受到影響的廣告主和出版業者，並且敦促其採取行動。

這當然與達康曾使用的說詞雷同，他在接受訪問時表示：「監督人們上傳的內容並不是我的責任，而是內容擁有者的責任，法律規定得很清楚。如果你製作內容，希望保護你的著作權，就必須自行負責。」這指的當然是曾有效被YouTube用來當作擋箭牌的數位千禧年著作權法「安全港」條款（參見第一一五頁）。然而，條款中的關鍵內容當然也載明服務商不應自願性地提供盜版內容的託管服務。達康一直沒有機會用這個理由為自己辯護，但谷歌不僅讓達康得以推廣廣告業務，還提供使瀏覽器找到 Megaupload 的方法。做一個小實驗，在你的谷歌搜尋引擎中鍵入「免費線上觀賞（插入你最愛電影片名）」，將跳出可直接連上所有主要盜版網站的連結。正如谷歌自己誇口的，如果在谷歌上找不到，那一定不存在。所以，和谷歌在為提供違法藥品販售網站的連結，而支付五億美元罰款後的做法一樣，能夠輕易解決盜版娛樂內容的問題，就是讓它們「消失」。於是，這些網站就會因為沒有生意而關門大吉。

讓我們再進一步探究網際網路在「仿冒經濟」中扮演的角色。根據國際商會（International Chamber of Commerce, ICC）估計，二〇一五年全球仿冒品的總價值超過一兆七千億美元，這個數字佔全球總經濟產值的百分之二以上。二〇一六年六月，中國網際網路巨人阿里巴巴董事局主席馬雲在獲利報告會議中，被分析師質問為什麼阿里巴巴的營收中來自仿冒品的比例會這麼高。出乎分析師的意料，馬雲回答：「今日的假貨與真品相比，品質更好，價格也較低。」但問題不只是仿冒的香奈兒（Chanel）手提包，亞馬遜的 Marketplace 上也充斥著知名品牌的中國仿製品。二〇一六年七月，勃肯（Birkenstock）執行長大衛．卡漢（David Kahan）寫信要求亞馬遜停止銷售勃肯著名的涼鞋：「亞馬遜以『開放市場』方式經營的 Marketplace，其所創造的環境，存在一些我們無法接受的商業做法，相信將會危及我們的品牌，從內部著手並與亞馬遜合作糾舉這類做法已經證明是行不通的。」著名的洛杉磯畫家愛德・魯沙（Ed Ruscha）就聘請了一名兼職助手，專責將撤下通知寄給販賣仿冒他作品的網站，如eBay；環球音樂集團（University Music Group）旗下則編有二十名全職員工應付這個問題。當然糾舉盜版網站的工作，可能會變成安德森等駭客承諾會出現的新工作機會之一。

三

祖克柏在臉書公開上市時寫給投資人的第一封信，標題為「駭客之道」（The Hacker Way）。他寫道：「『駭客』（hacker）這個詞彙在媒體的描述中帶著入侵電腦的不公平負面涵義。實際上，『駭』（hacking）的意思只是很快地設計某種方法，或是測試可以做到什麼程度。」這種強調速度與顛覆的解釋，被科技界的大多數人接受。當然，問題是我們往往在打造出得以滿足欲望的最新、最酷的裝置後，才想到「安全」這件事，尤其是我們已進入物聯網（Internet of Things）時代，高達六十四億個與網際網路連接的感應器和裝置，更突顯出這個問題。從這個事件中，試想我們的未來：二〇一六年十月發生的大規模網際網路故障，是駭客（可能是俄羅斯駭客）利用不安全的物聯網造成的。根據《紐約時報》報導：「在這個令人不安的事件中，駭客似乎是透過成千上萬個物聯網裝置進行攻擊，例如受病毒感染的攝影機、嬰兒監視器及家庭路由器，在擁有者毫不知情的狀況下，內藏的軟體聽從駭客的指令，以超負荷的流量淹沒攻擊的目標。」正如十五年前昇陽（Sun Microsystems）執行長史考特．麥里尼（Scott McNealy）所說的：「反正你沒有任何隱私可言，認命吧！」

除了俄羅斯駭客帶來的瘋狂感受外，物聯網還將帶來新的隱私和安全疑慮。二〇一五年美國售出的自動調溫器中，有百分之四十是「智慧調溫器」，其中有許多是由谷歌的子公司 Nest 所生產。大部分購買 Nest 裝置的人並不知道，它能做的不只是在你離開屋子時降低室內溫度，而是谷歌資料蒐集計畫的下一步。皮尤研究中心（Pew Research Center）在調查美國人的隱私憂慮時，詢問受訪者能否接受一種假想情況：「在家中使用『智慧調溫器』，能節省電力，但是會被窺探何時在家與離家的狀況，回答『能接受』的成人只有百分之二十七，『不能接受』的則有百分之五十五。」谷歌可以得知人們何時在家和待在哪些房間的想法，對大多數人來說還是太過頭了。不過對於某些人，例如已搬出家中，卻發現妻子讓情人住進家裡的被拋棄的丈夫來說，智慧調溫器可能就會是一大福音。有人撰寫一篇漢威（Honeywell）Wi-Fi 智慧型觸控螢幕自動調溫器的正面產品評價文章表示，雖然他已經不住在屋子裡，卻還能用手機控制那台自動調溫器，「俄亥俄州的冬季是如此寒冷，讓我忍不住想惡搞那對新愛侶睡覺時的溫度。有誰不想要早上七點醒來時，屋內是華氏四十度（約攝氏四．四度）？」

四

犯罪組織藉由網際網路達成超高生產力的能力是相當驚人的。根據二〇一五年冬季的一篇報導，一群俄羅斯駭客花費兩年的時間，從一百家銀行轉出十億美元。這樁由國際網路安全公司卡巴斯基實驗室（Kaspersky Lab）發現的犯罪陰謀，涉及在數百家銀行的轉帳系統內植入惡意程式，以便把鉅額款項轉入網路竊賊設置的人頭帳戶中。一旦款項入帳，便會被提領一空，現金不知去向。卡巴斯基實驗室指出：「這項犯罪陰謀標記了網路犯罪活動演進新階段的開始，也就是惡意使用者直接從銀行竊取金錢，並以避開終端使用者為目標。」

想像一下以傳統搶劫銀行的方式，試著竊取十一億美元，要花費多少人力並承擔多大的風險，網際網路的生產力在恐怖主義這個領域中，著實令人感到害怕。試想你是一九九〇年的一個恐怖組織，想讓兩百萬人看到你製作的宣傳影片，幾乎是個不可能達成的任務。你可能會嘗試著進行和奧薩瑪．賓拉登（Osama bin Laden）早期相同的做法，透過街頭小販散播影片，無論是在西方或伊斯蘭國家，你肯定無法使用任何電視頻道。但是今日的伊斯蘭國（ISIS）卻可以製作一段影片，免費上傳到 YouTube，在一週內讓兩百萬人看到，尤其是含有恐怖斬首鏡頭的影片。二〇一五年時，ISIS 的支持者在推特上擁有超過四萬六千個帳號，一天發布九萬條以上的推文；二〇一三年時，YouTube上已有三萬五千支以上的伊斯蘭國影片。為什麼我們會允許這種事情發生？因為推特和YouTube在推廣企業時，躲藏在美國憲法第一修正案後。*BuzzFeed*的查理・瓦澤爾（Charlie Warzel）曾描述推特前執行長迪克・柯斯托洛（Dick Costolo），以及拒絕撤下伊斯蘭國斬首影片的推特自由言論支持者加布里・史崔克（Gabriel Stricker）與維傑雅・賈德（Vijaya Gadde），在推特舉行的會議：

> 一名與會者回憶，柯斯托洛質問道：「你真的認為我們應該讓人們觀看有人被謀殺的影片嗎？」據稱，史崔克舉出一些被柯斯托洛撤下的內容進行比較，包括因為甘迺迪家族的反對而刪除亞伯拉罕・澤普魯德（Abraham Zapruder）的影片。據一名與會者表示，最後會議結束時，眾人決定應該擬定政策的例外情況，以保留有新聞價值的血腥內容。消息來源人士之一描述，雖然史崔克和賈德贏得勝利，但受挫的柯斯托洛卻抱持著不同意的立場離席。根據這位消息來源人士表示，柯斯托洛說：「我想，如果按照你們的想法來做，使用推特的人將會只剩下伊斯蘭國和美國公民自由聯盟（American Civil Liberties Union, ACLU）。」

前最高法院大法官羅伯特・傑克森（Robert Jackson）曾寫道：「憲法不是一紙自殺協議（suicide pact）。」而大家應該都知道聖戰士利用社群媒體作為攻擊文明的主要武器之一，如果沒有 YouTube 和推特，他們的全球宣傳機器將無法運作。

雖然聽起來有點誇張，但是數位千禧年著作權法並未規定推特和 YouTube 有義務移除冒犯性的內容或侵害著作權的素材。在該法案的「安全港」條款下，任何服務或網站，只要做極少努力解決著作權擁有者疑慮，即可免於盜版或盜竊的責任。這種體制在下載一首違法歌曲要花費數分鐘的情況下可能有道理，但是今日沒有任何人能夠有效監看網路上不斷冒出、一被撤下又立刻出現的數百萬個盜版檔案，谷歌光是在二〇一五年就接到將近五億六千萬個撤下通知。

YouTube 宣稱無法控制使用者在其平台上上傳的內容，但是這並非事實，你可以發現 YouTube 平台上沒有色情內容。YouTube 有很精密的內容識別（Content ID）工具，可以在色情內容被張貼前就加以過濾。這些工具可以用來預先過濾伊斯蘭國的內容，但 YouTube 不想改變現狀，因為它以廣告為基礎的商業模式，仰賴最大量的使用者與其上傳的影片，YouTube 甚至在伊斯蘭國的影片上放置廣告。下頁圖片顯示一則 Bounty 衛生紙廣告，就放在一段以伊斯蘭國少年粉絲為目標的影片上。

為了阻止伊斯蘭國使用 YouTube，二〇一六年一月歐巴馬政府派遣最高國家安全團隊到矽谷，試著要谷歌及其他科技巨人使用色情過濾工具來阻擋恐怖分子的影片。這個要求得到 YouTube 極為冷淡的回應，雖然谷歌不願評論那次的會面，但民主與科技中心（Center for Democracy and Technology）這家由谷歌資助的智庫，其主管艾瑪·蘭索（Emma Llanso）代表科技圈發言，直截了當地搬出自由放任主義手冊裡的回答：「這是一條言論自由的平滑下坡，如果你開始破例，什麼時候才會停止？又要在什麼地方畫下停止線？」二〇一六年四月，當美國著作權登記機關的瑪莉亞·帕蘭德（Maria Pallante）詢問數位千禧年著作權法的「安全港」條款是否應該修改時，谷歌則以對抗禁止網路盜版法案的相同方法回應，利用一個名為「為未來而戰」

▲ 一則由伊斯蘭國張貼的影片中，出現了衛生紙品牌 Bounty 的廣告。

（Fight for the Future）的基金會作為代理組織，製造數千則自動產生的評論，批評Regulations.gov 網站，並反對數位千禧年著作權法的任何修改。為未來而戰基金會對*TorrentFreak* 誇耀道：「過去幾個小時中新增的評論文章，似乎多次使政府為獲取回饋而設置的網站當機。」帕蘭德致力於改變數位千禧年著作權法的後續發展令人格外感傷，谷歌及其盟友公共知識組織（Public Knowledge）推動一項把帕蘭德趕下控制著作權政策職位的運動，讓她在二〇一六年十月遭到開除。

五

網際網路海盜的最後一個故事涉及恐怖海盜羅伯茲（Dread Pirate Roberts），也就是網際網路毒品市場——絲路（Silk Road）創辦者羅斯·烏布利希（Ross Ulbricht）；聯邦調查局宣稱從二〇一一年至二〇一三年在絲路上查獲十億美元以上的毒品交易。烏布利希的人生因為閱讀蘭德和澳洲經濟學家路德維希·馮·米塞斯（Ludwig von Mises）的著作而為之改變。米塞斯被稱為現代美國自由放任主義的先知，他宣稱市民必須擁有經濟自由，才能獲得政治自由與道德自由。烏布利希在他的 LinkedIn 網頁上寫道，他想「利用（馮米塞斯的）經濟理論，廢止人類使用壓迫和侵略的手段」。二〇〇九年匿名化的虛擬貨幣比特幣（Bitcoin）誕生後，恐怖海盜羅伯茲的三個最愛已經匯聚齊全：自由放任主義經濟學、暗網（Dark Web）及毒品。烏布利希花費兩個月的時間建立絲路，二〇一一年一月，他在自己家中栽培迷幻蘑菇作為初始產品開始營運。幾個月內，烏布利希就吸引了眾多海洛因、古柯鹼、安非他命及處方鴉片類藥物賣家在網站上做生意。絲路從每一筆交易收取費用，仿效和亞馬遜相同之大獲成功的買方壟斷模式。

要連上絲路必須使用 Tor 瀏覽器，這是另一個數位時代值得非議的創新。Tor 指的是「洋蔥路由器」（the onion router），透過由數千個電驛連結而成的自願者網絡來導引網際網路流向，以隱藏使用者的所在位置。雖然 Tor 可能有某些合法的用途，尤其是對於試圖逃避監視的政治異議者，但它的主要用途是作為進入暗網的手段；暗網是犯罪、兒童色情及性人口走私的藏污納垢處，像是平行宇宙般同時與全球資訊網並存。根據線上安全公司 Cloudflare 報告所言，「我們看到整個 Tor 網路中，有百分之九十四的請求本身都是惡意的」。

和網際網路一樣，洋蔥路由器最早是由國防高等研究計畫署提供資金發展的，目的是為了保護美國的情報通訊。後來，Tor 的資金有一部分係來自巴洛的電子前哨基金會，這是一個願意假言論自由之名維護網路上最黑暗行為的組織。當樸茨茅斯大學（University of Portsmouth）電腦科學研究員葛瑞斯．歐文（Gareth Owen）開始對暗網進行研究時，他假設那裡是政治行動主義和匿名揭密的主要據點，如同電子前哨基金會所宣稱的、他們所高度支持的活動。不過，結果卻大相逕庭，據《連線》報導：「毒品論壇與違禁品市場是隱藏在 Tor 保護下的最大單一類別，但讓這類網站相形見絀的流量卻流向了虐童網站。Tor 隱藏的網站瀏覽中，每五次就有四次是連往戀童癖內容網站。」

恐怖海盜羅伯茲的身分最後是由美國緝毒局（Drug Enforcement Administration, DEA）或聯邦調查局所拆穿，過程要歸功於一位默默無聞的美國國稅局（Internal Revenue Service, IRS）調查員賈瑞・艾福德（Gary Alford），他在曼哈頓切爾西（Chelsea）的一間辦公室與美國緝毒局合作。艾福德對緝拿盜版非常熱中，大約在絲路推出的同時，便開始在聊天室和部落格進行巡查。他發現絲路推出幾天後，有人寫了一則聊天室貼文，貼文者名為 altoid，詢問：「有人知道絲路嗎？它類似匿名的 Amazon.com。」這有點奇怪，因為當時該網站尚未推出，所以艾福德猜想 altoid 是內部人士。於是，艾福德開始尋找 altoid 的其他貼文，並追溯到一則二〇一三年的奇怪貼文，altoid 在貼文中徵求一些程式設計的協助，並留下電子郵件位址：rossulbricht@gmail.com。艾福德在全球資訊網上搜尋「Ross Ulbricht」，結果發現了一名來自德州，與恐怖海盜羅伯茲相似的年輕人，且十分仰慕米塞斯與保羅。艾福德很確定他找到了絲路的經營者，但是花費三個月才說服聯邦調查局展開調查。

烏布利希被逮捕兩個月後，惡名昭彰的網路無政府主義者，也是世界第一把三D列印手槍的製造者科迪．威爾森（Cody Wilson），在倫敦舉行的麻省理工學院比特幣博覽會（MIT Bitcoin Expo）中，上台嚴厲批評同僚道：「烏布利希號稱絲路的創辦人和營運者，是萬物皆自由、黑市及美好網路的瑰寶，沒有人挺身支持他，是對現代自由放任主義良知的嚴重控訴。」或許那是因為烏布利希透過絲路僱用殺手，暗殺揚言要接管絲路的敵手使然。

伍迪．蓋瑟瑞（Woody Guthrie）曾寫道：「有人用裝有六發子彈的左輪手槍搶劫你／有人用的則是鋼筆。」人們可能小看暗網的化外之民，如達康與恐怖海盜羅伯茲，認為是本書故事中的不相干人物，但在現實中他們都自認是無政府資本主義者。提爾一直操弄著這類邊緣思想，但是美國最富有的人之一查爾斯卻完全擁抱它，他和弟弟大衛．科克（David Koch）為了確保自由放任哲學被政府的最高階層聽到而用鋼筆簽下的支票，比任何美國人都來得多。

1 編注：著作傳（copyleft）是指建立在著作權（copyright）保護基礎上的自由授權方式，將更多的使用自由賦予大眾，任何人都可取用並修改，唯一的要求是修改後的內容亦不可受專有保護。

| 第十章 |

自由放任主義者與頂層的百分之一

上帝饒我不死，以便我完成更大的使命。

——大衛．科克（David Koch）

一

大衛應該慶幸能從一場墜機事件生還，並且深信上帝救了他一命，讓他以拯救美國作為回報。他在二〇一〇年為最新的一項慈善計畫——史密森尼博物館（Smithsonian Museum）的大衛．科克人類起源廳主持開幕儀式，這個展示廳正好是他披著公共利益外衣的商業哲學之絕佳掩飾。他擔任科克工業（Koch Industries）的執行副總裁，這家天然資源集團每年營收超過一千億美元。他和兄長查爾斯的身價加起來超過八百四十億美元，幾乎全靠開採業獲得。從油井到大規模的伐林作業，科克工業以最低廉的價格開採地球的自然資源，並儘可能以最高價賣出。唯一可能阻礙科克工業榨取地球資源的是經濟學家所稱的外部性（externalities），也就是在意料之外的情況下所產生影響當事者的成本，例如，清理科克工業濫行開採土地所留下的爛攤子。因此，在科克兄弟從商的生涯中，都極力抗拒要求他們收拾爛攤子的政府，他們是美國最富有、最篤信自由放任主義的人，也是最大的污染者之一。如同科克兄弟，谷歌與臉書也從事開採業，它們的商業模式是儘可能從全世界最多的人，以最低價格開採更多個人資料，用儘可能高的價格轉售資料給最多的公司，資料就是新石油。而且和科克工業一樣，谷歌與臉書在開採過程中也製造出外部性。網際網路檔案館（Internet Archive）創辦人布魯斯特．卡利（Brewster Kahle）列舉出一些這種外部性：

史諾登告訴世人，我們已在無意中建造出世界上最大的監視網絡，也就是全球資訊網。中國可以讓境內的人無法自由閱讀，只有少數幾家大型服務商有資格成為你體驗的提供者。

其他例子包括YouTube決定免費提供給全世界的所有音樂，因而讓許多音樂家難以維持生計。此外，谷歌推廣自家服務的能力已經使得如網路益地圖技術公司MapQuest這類競爭的服務變得如同「殭屍」。正如奇柯・哈蘭（Chico Harlan）在《華盛頓郵報》寫道：「MapQuest是罕見的美國公司，在不到一個世代的時間內，從改變世界，而後逐漸變得稀鬆平常，幾乎被人遺忘。」但是除了外部性的比較外，科克兄弟有其重要性，因為他們資助了提爾、佩吉、貝佐斯及祖克柏賴以致富的自由放任主義政治架構興起。沒有科克網絡的政治保護，這些網際網路帝國沒有一家能以目前的規模存在。

然而，今晚在史密森尼博物館的開幕儀式中，大衛並不快樂，因為他知道《紐約客》的難纏記者珍・邁爾（Jane Mayer）正在調查他的龐大企業與政治帝國。即使許多大樓名稱上都有他的名字，卻是你所知的億萬富豪中最神祕的一個。邁爾的第一篇文章發表不到一個月，大衛便找來一群私家偵探調查她，並竭盡所能地摧毀她的信譽，雖然最後都徒勞無功。

大衛・科克人類起源廳只是說服世界相信氣候變遷的危險純屬虛構的又一種方法，展覽的主題是人類隨著數百年的氣候變遷而演化，所以不必擔心二氧化碳濃度已經達到歷來的最高水準。但是，從物理學家約瑟・羅姆（Joseph Romm）的觀點來看，科克兄弟是在宣傳一個大謊言，他說：「整個展覽是在粉飾現代氣候變遷問題，我想科克工業希望被視為有理念的公司，能與美國最偉大的自然歷史和科學博物館聯想在一起，但真相是展覽廳的出資捐贈者是最大的污染者，祕密資助阻撓因應這項人類威脅的行動。我想史密森尼應該學會明白訂出界線。」但是科克兄弟知道金錢萬能，而且和許多我們已經見識的自由放任主義者一樣，願意撒大錢影響輿論與可能規範其產業的政治人物。

和本書中提及的許多億萬富豪不同，科克兄弟是第二代的自由放任主義者，父親佛瑞德・科克（Fred Koch）是擁有麻省理工學院學歷的化學工程師，發明將石油製造為汽油的改良製程。當時是一九二七年，大型美國煉油廠生意正興隆，汽車購買量大幅成長，新公路紛紛興建，標準石油和其他石油業者卻無意投資新煉油廠。於是佛瑞德把事業轉移到蘇聯，當時約瑟夫・史達林（Joseph Stalin）正急於讓蘇聯的工業化趕上西方。而後在一九三四年，佛瑞德找到了一位新顧客——阿道夫・希特勒（Adolf Hitler），希特勒正積極興建高速公路，並且默默計畫供應他預想戰爭機器的方法。一九三八年底，佛瑞德從德國寫信給家人，頌揚納粹致力於為國家建立紀律，並認為相較之下，德國優於當時他眼中的福利國家美國，他寫道：「當你對照今日德國與一九二五年時的心態，你不禁會想，也許安逸、吃公家飯、依賴政府等我們所忍受的做法不是長久之計，而且可能招致失敗。」和蘭德類似，佛瑞德相信新政是美國個人主義的終結。當戰爭爆發後，佛瑞德立刻把握機會，為美國轟炸機製造一種新的高辛烷值燃料，最後用來摧毀他在漢堡興建的煉油廠。

戰後，佛瑞德發展出對蘇聯深刻的偏執觀，他相信史達林想要把美國變成共產國家。為了讓其他人了解這個危險，他變成狂熱自由放任主義者兼反共產主義者羅伯特・魏爾契（Robert Welch Jr.）主持的約翰伯奇學會（John Birch Society）創始會員之一。魏爾契深信，美國和蘇聯政府都被一群國際主義者、貪婪的銀行家及貪腐的政治人物把持，如果不加以揭發，美國政府內部的叛徒將會背叛國家主權，屈從於聯合國（Unitd Nations）領導的集體主義新世界秩序，被「一個世界社會主義政府」所管理。

隨著四個兒子長大，佛瑞德藉由在晚餐桌上詰問約翰伯奇學會的文獻來教導他們。大衛告訴一名採訪者，父親「不斷對我們談論政府和政府政策發生什麼問題，我的成長過程伴隨著一種根本觀點，亦即大政府是惡劣的，政府加諸我們生活與經濟財富的控制是不好的。」四兄弟中排行老二與老三的是查爾斯和大衛，他們接受了約翰・伯奇的思想；最年長的佛瑞迪・科克（Freddie Koch）在大學時轉往戲劇學院，而年紀最小的比爾・科克（Bill Koch）也對父親的政治理論興趣缺缺，後來資助了一艘贏得美洲盃（America's Cup）的帆船。當查爾斯和大衛威脅佛瑞迪，要把他是同志的事告訴父親，除非他放棄持有的公司股票時，這個由佛瑞德的體罰管理塑造的家庭關係變得極具有莎士比亞戲劇的風格。兄弟之間的爭訟持續多年，直到查爾斯和大衛以八億美元買斷佛瑞迪與比爾的股權為止。在兄弟爭訟期間，比爾委託曾為科克工業擔任寫手的喬治梅森大學（George Mason University）歷史學家克雷頓・柯賓（Clayton Coppin）撰寫查爾斯的故事。根據邁爾報導，這本名為《隱祕：查爾斯・科克政治活動史》（*Stealth: The History of Charles Koch's Political activities*）的書籍從未出版，因為後來成為兄弟鬥爭和解的條件之一。柯賓寫到查爾斯受到自由放任主義運動極右派——無政府主義者所吸引，「他受到某種更深沉的衝動驅使，想要粉碎世界上僅剩的能懲戒他的政府。」查爾斯就像蘭德《阿特拉斯聳聳肩》裡的一個角色。

二

在父親死後，查爾斯和大衛立刻開始組織自己的政治運動。查爾斯說服大衛接受自由黨提名為副總統候選人，以便能在一九八〇年總統大選時搶攻雷根的右派選票。在聯合公民組織（Citizens United）這個於二〇一〇年贏得最高法院判決允許無限制企業獻金給政治行動委員會的組織還不存在的年代，大衛就為自己的競選活動提供了兩百萬美元的資金。然而，那場競選徹底失敗，只贏得百分之一的選票。從此以後，扮演家族首腦並以鐵腕控制科克工業的查爾斯就宣布，絕對不再支持第三黨。他只有一個選擇——接管共和黨，基本做法就是設置另一個由他控制的黨架構。根據邁爾描述，科克兄弟鼓吹的繁榮美國人協會（Americans for Prosperity）「已變成全美最強大的政治勢力……（僱用）人數是共和黨全國委員會工作人員的三倍之多。」藉由設置有無限資金來源的類似團體，科克兄弟不但有能力把選舉的成本推高，也有能力因應成本的膨脹。

與谷歌、臉書及亞馬遜的成功息息相關的是，它們必須有能力維繫致力於追求更大良善的幻覺，儘管其一心追求的是只對自己有利的政策。在早期，我們稱這種做法為漂綠（greenwashing）[1]。邁爾引述公關專家弗雷德・西戴爾（Fraser Seitel）關於科克兄弟努力重塑形象的話：「他們發動一波魅力攻勢，以重整科克兄弟的形象，從詭祕的妖怪搖身變成支持黑人大學和消滅貧困的慈善家。」到二〇一三年，谷歌與臉書都追隨科克工業，加入全美議會交流理事會（American Legislative Exchange Council, ALEC）。創立於一九七三年，為保守派州議會決策委員會的全美議會交流理事會宣示，當前的目標是促進「有限政府、自由市場及聯邦主義的基本原則」。全美議會交流理事會是州層級的主要氣候變遷反對團體，但是也專注於「反對美國節育保險給付；反對可負擔健保法法案（Affordable Care Act, ACA）規定的強制個人醫療保險；擴大允許公司在感覺財產受到攻擊時，有自衛權的『不退讓』法律；禁止城市興建公共寬頻網路；呼籲州議會要求選民提示州發給的身分證明」。

許多進步派人士質疑，為什麼谷歌和臉書會加入這種右派自由放任主義組織，但羅伯特・麥切斯尼（Robert McChesney）在著作《數位脫節：資本主義讓網路成為反民主幫凶》（*Digital Disconnect: How Capitalism Is Turning the Internet Against Democracy*）中認為他知道答案：

> 網際網路初創時期，許多成功的大公司，如蘋果和谷歌，的確是由理想主義者所創立的，他們可能並不知道自己是否真的想要變成舊式的資本家。他們在很短的時間內就被現實打回原形，任何關於隱私、商業主義、避稅或支付低薪給第三世界工廠工人的不安心理很快就被遺忘。那些經理人並不是特別壞或貪婪的人，這與他們個人的道德觀念確實不相干，而是體制明顯獎勵某些行為與懲罰其他類別的行為，導致人們如果不順從體制，並且把必要的價值內在化就會失敗。

最後來自進步派的壓力愈來愈大，谷歌和臉書不得不停止資助全美議會交流理事會，但是科克兄弟仍全力追求他們的目標。

三

科克兄弟三十五年來在攻擊民主的進程中究竟達成了哪些事？首先，他們拖延了阻止氣候變遷的任何危急嘗試。他們投入勝過埃克森美孚（ExxonMobil）或任何石油公司的大量資金，支持否認氣候變遷的宣傳機器。而這部機器極其複雜，調查人員發現科技安全公司 HBGary Federal 的文件描述一項精心策劃的行動——他們啟動「否認機器人」（denier bots）來評論任何支持氣候變遷存在的文章，這套程式被稱為角色管理（Persona Management），可以由一名操作者假裝成數百名不同的角色張貼負面評論。

或許更重要的是，科克兄弟反規範、反納稅立法環境的願景已經實現了，而伴隨著這個願景實現的是如今已經成為重大社會問題的極端所得不平等。下頁的圖表可呈現出這個問題。

在《富比士》四百大富豪名單內最富有的六十二個人中，有二十六人靠著本書主題相關的媒體和科技業獲得財富，前十位最富有的人看起來活像是本書的目錄。

一、比爾·蓋茲

二、傑佛瑞·貝佐斯

三、華倫·巴菲特

四、馬克·祖克柏

五、賴瑞·艾利森

六、麥克·彭博

七、查爾斯·科克

八、大衛·科克

九、賴瑞·佩吉

十、謝爾蓋·布林

所以只有華倫·巴菲特（Warren Buffet）和科克兄弟的財富不是來自於科技，而且只有巴菲特的財富不是來自於壟斷資本主義的勢力。二〇一二年大選期間，米特·羅姆尼

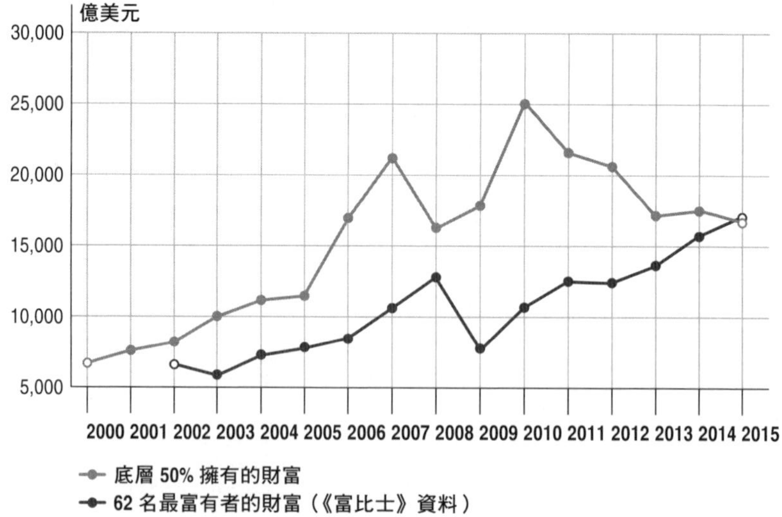

圖表一：經濟的不平等

資料來源：樂施會（Oxfam）、世界經濟論壇（World Economic Forum, WEF）、《富比士》。

（Mitt Romney）讚許《富比士》四百大富豪是「工作創造者」，不過探究科技業的就業情況就能看出那並非事實。雖然科技公司佔標準普爾五百指數（S&P 500；五百家美國最大的公司）的百分之二十一，但卻只僱用美國勞動力的百分之三。

四

相信科技將是美國就業復甦的主要動力是否很荒謬？在回答這個問題前，讓我們先詢問兩個問題：第一，為什麼美國公司（大部分是科技公司）坐擁一兆九千億美元現金？正如戴維森在《紐約時報》上所寫的：

> 以谷歌為例，其新的母公司 Alphabet 價值約為五千億美元，但是卻有約八百億美元放在谷歌的銀行帳戶中或進行其他短期投資。因此，如果你買一股近來大約七百美元的 Alphabet 股票，實際上等於買下一百美元以上的現金擁有權。擁有八百億美元現金的谷歌可以買下 Uber 及其印度競爭對手 Ola，剩下的錢還能再買一家資料探勘新創公司帕蘭泰爾。

造成這種異常現象的可能性之一是，掌管這些公司的創業家擁有的財富主要是公司股票，而且他們寧可用那些現金來支持股價（透過買回庫藏股），而不願進行可能要花費好幾年才能看得到結果的長期投資。

我們必須詢問的第二個問題，是由經濟學家戈登在他的著作《美國成長的起落》中提出的論述。戈登認為科技革命引發的狂熱被過度誇大，數位服務對生產力的重要性其實比不上一九七〇年以前驅動經濟成長的五項偉大發明：電力、都市下水道設施、化學品與藥品、內燃機及電信。是的，口袋裡有手機和電腦是一件好事，但它是否真的像亞歷山大・格拉漢姆・貝爾（Alexander Graham Bell）、湯瑪斯・愛迪生（Thomas Edison）與亨利・福特（Henry Ford）那樣改變了世界？連提爾也表示：「我們想要會飛的汽車，結果得到的卻是一百四十個字[2]。」對戈登來說，未來可能呈現生活水準停滯不前、不平等擴大、教育水準滑落及人口老化。左頁圖表係取自戈登的著作，讓電腦革命帶來生產力大幅躍進的謊言原形畢露。

圖中所顯示的並不樂觀。我們無需思維的大躍進，就能了解這種停滯可能導致嚴重的社會衝突。例如，無政府主義者共同體（Anarchist Collectives）已經開始攻擊谷歌在舊金山及其矽谷園區之間接駁員工的豪華私人巴士，一張示威中發送的傳單上寫著：「你們不是無辜的受害者，你們在貧窮、無家可歸及死亡圍繞下過著舒服的生活，對周遭的一切似乎無動於衷，迷失在金錢和成功中。」已故的著名創投資本家湯瑪斯·柏金斯（Thomas Perkins）決定以一種相當古怪的方式為位於金字塔頂端百分之一的矽谷人辯護，在寫給《華爾街日報》編輯的一封信中表示：「我在位於進步思維中心點的舊金山寫這封信，希望喚起人們注意進步派人士對美國的前百分之一——富人所發動的戰爭，堪與法西斯納粹德國對『百分之一』的猶太人發動的戰爭比擬。」這封信也許是在柏金斯的遊艇（世界最大的遊艇之一）上寫的，讓凱鵬（Kleiner Perkins）的其他合夥人感到十分難堪。

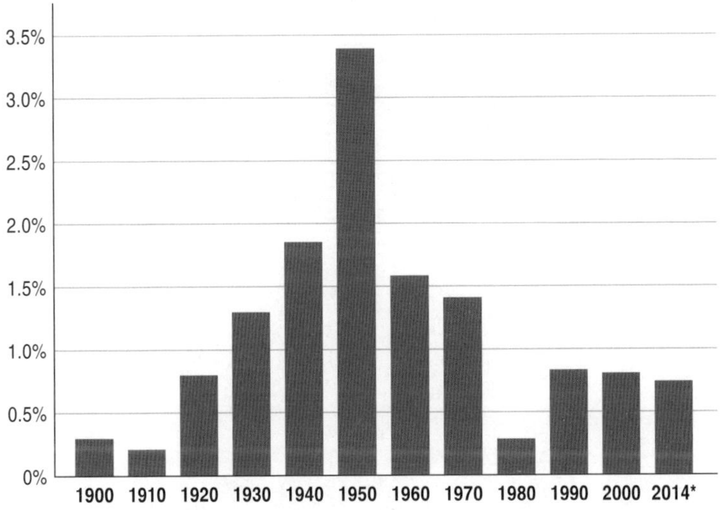

圖表二：總要素生產力年成長率

截至顯示年份的十年平均成長率（比較前一個十年期）

資料來源：《美國成長的起落》。

*2014年的長條圖，顯示的為2001年至2014年的平均年成長率。

在舊金山的這種階級鬥爭感可能只是一個前兆，預告由谷歌、亞馬遜、臉書及其他人投資的機器人與人工智慧革命，包括許多工作的「Uber化」可能帶來的黑暗景象。例如亞馬遜土耳其機器人（Mechanical Turk）平台讓公司得以外包線上論件計酬的工作，也就是所謂的眾包工作（crowdwork）。正如瑪麗・葛瑞（Mary L. Gray）在《洛杉磯時報》的報導所言：「牛津大學（Oxford University）的馬丁科技與僱用計畫（Martin Programme on Technology and Employment）研究人員估計，在二十年內，美國近百分之三十的工作可能會以這種方式派發。機器人興起與自動化的遙遠威脅已經不算什麼了，迫在眉睫的問題是人力的Uber化，工作被分割成可外包的任務，以及薪資被分解成微額的支付。」這類平台上的工作者沒有工作保障，也沒有任何福利。此外，這種計件工作的價格可能將會隨著來自世界各地登入平台的人愈來愈多而大幅下降。尼爾・厄文（Neil Irwin）在《紐約時報》上指出：「光靠Uber一家公司可能無法成為重塑職場樣貌的主力，但是同樣的科技卻可能使雇主對於打造沒有員工的勞動力更感興趣，疲弱的就業市場可能已經賦予他們更大的力量來實現。」

古典的「全球勞力套利」（global labor arbitrage）概念（資本會在全球化的經濟中尋求最低的勞動）在這裡以極大的規模運作。麻薩諸塞大學（University of Massachusetts）的研究人員莎拉・金絲莉（Sara Kingsley）發現眾包工作模式真正的問題是：

> 直接且無限的勞工和工作供應，應該會生成完全競爭市場；然而，從我們過去一年來研究眾包工作所蒐集的資料顯示，情況正好相反。眾包勞動市場充滿不對稱資訊的問題，不只是不完全競爭，設計本身就已不完美。

金絲莉發現，亞馬遜可以不斷降低在土耳其機器人平台上支付的計件工作價格，也持續對新的低勞動成本國家開放此平台，如印度。由於亞馬遜經營的是一家壟斷性書商，若他們試圖將相同技巧應用到其他行業，也不會令人意外。不過，受到威脅的將不只是在家從事眾包工作的人，丹．賓德曼（Dan Bindman）在《未來法律》（*Legal Futures*）刊物上報導：「機器人和人工智慧在十五年內將會支配法律執業，可能導致律師事務所的『結構性崩潰』。」然而，要把人工智慧整合到一般工作並非易事。二〇一六年，微軟宣布將進行「談話理解」的研究，把人工智慧聊天機器人阿泰（Tay）配置到推特上，並鎖定十八歲到二十四歲的使用者。然而，正如《衛報》所報導的，這一次的實驗以慘敗收場：

> 但看起來……阿泰的交談擴大到種族歧視、誹謗和政治論述，她的推特對話紀錄，截至目前為止均強化了所謂的高德溫法則（Godwin's Law），也就是線上討

論的時間愈久，出現涉及納粹或希特勒的比較機率就愈大，因為阿泰被鼓勵重複說「希特勒是對的」與「九一一是內部人幹的」這類話語。

阿泰被一種電玩遊戲中長期以來慣用的激惱（griefing）式網際網路謾罵所劫持，謾罵者利用這種技巧來爭取注意，正如部落客阿尼爾．達什（Anil Dash）在《紐約時報》中解釋道：「一旦目標確定後，它就變成一場看誰最凶狠的競賽。愈是自認弱小的人，愈會做出最極端的事，只是為了引起注意和得到贊同。」微軟研究部門裡領導人工智慧小組的彼得．李（Peter Lee）誓言，將「致力發展一個代表最好，而非最壞人性的網際網路」，這可能比他想像得更困難。

一九三〇年英國經濟學家約翰．梅納德．凱因斯（John Maynard Keynes）寫道，未來我們將必須擔心「技術性失業……由於使用勞動力有效方法的發現速度，會超越我們尋找新勞動力的速度」。未來十年內，我們很有可能會來到凱因斯預言成真的時刻。二〇一三年，牛津大學的卡爾．班奈迪克特．佛瑞（Carl Benedikt Frey）和麥克．歐斯本尼（Michael Osborne）在一篇論文中指出，百分之四十七的美國工作有被自動化的高風險，被列入的工作包括會計師、律師、零售業人員、技術寫作者及許多白領專業人員。

安德森在一連串的推文中，巧妙回答凱因斯提出的挑戰：「讓世界變成一切物質需要都由機器人與合成物質製造者免費提供……想像六十億或一百億人什麼事都不必做，只要從事藝術和科學、文化、探索及學習，那將是多麼美好的世界。」但是《紐約客》作家塔德・弗蘭德（Tad Friend）舉出當前的現實情況，質疑安德森道：「當我舉出大量資料顯示，全球的財富不均實際上正在減少，而美國國內的不平等卻在擴大時，美國的財富差距已經攀升到政府有紀錄以來的最高峰。而安德森卻轉移話題，說這種差距是『技能問題』，隨著機器人接管陳舊、無聊的工作，人類將會重新適應新情勢。」

把凱因斯的「技術性失業」描述成只是「技能問題」似乎有些短視，一名被機器人取代的五十歲汽車工人將自己訓練成軟體設計師，並且應徵谷歌的工作，這種想法似乎是痴人說夢，只有像安德森這麼富有和不食人間煙火的人才能想到。但這並不是說我們不應該思考凱因斯與安德森想像大多數人都有許多閒暇時間的世界，如果佛瑞和歐斯本尼所言正確，有百分之四十七的工作將會在未來二十年自動化，我們會面對兩種未來可能情況的其中一種。大量的失業和心理疏離導致嚴重社會動亂的反烏托邦未來，是我們在已在電影《銀翼殺手》（*Blade Runner*）中可見的情況之一。今日唯一的補救方法就是創造數百萬個低薪「狗屎工作」（bullshit job），這是借用作家大衛・葛瑞伯（David Graeber）的用語。葛瑞伯指出：「龐大的人口，尤其是在歐洲和北美，於整體職涯中都在做他們認為沒有必要的工作。伴隨著這種情況而來的道德與精神傷害極其深遠，它是我們集體靈魂上的傷疤，但是幾乎沒有人談論它。」沒有人想在這種世界中生活，遑論在其中工作。我們已知全美年齡介於二十五歲至五十四歲、只有高中文憑的男性勞動參與率已經下降到歷來的最低水準，如下圖所示。

擺脫這個危機的唯一方法，若要實現安德森對六十億人沉浸於藝術、科學和文化的願景，就是要建立一個具備全民基本收入（Universal Basic Income, UBI）、免費醫療照護及大幅縮短工時的

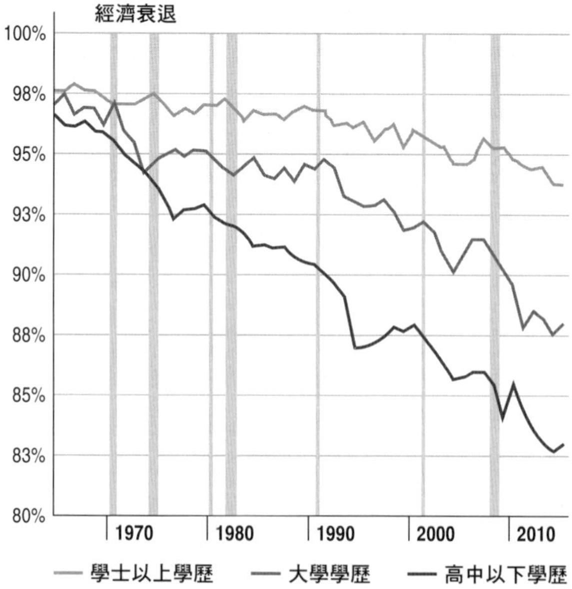

圖表三：民間年齡 25 歲至 54 歲男性勞動參與率

資料來源：美國勞工部、美國商務部、經濟顧問委員會、《華爾街日報》。

體制。瑞典的一些雇主已經將員工的工時縮短到六小時，而芬蘭正在實驗一套保證所得制度。這些都不是不可能達到的目標，安德森仍然可以建構有著完善社會安全網，而無須大幅改變現狀的未來世界，如大學免費入學與全民健保。

安德森這位矽谷最知名的「機器擁有者」（machine owner），表現出「何不食肉糜」的傲慢並不令人覺得意外。哲學家薩繆爾・弗里曼（Samuel Freeman）在名為「不自由的自由放任主義者：為什麼自由放任主義不是一個自由的觀點」（Illiberal Libertarians: Why Libertarianism Is Not a Liberal View）的文章中寫道：「自由放任主義類似於封建主義，因為它在一個雙邊的個別契約網中建構政治權力，所以它沒有合法的公共政治權威概念，也不容許政治社會的存在。」這當然是科克兄弟希望生活的世界。佩吉、安德森和祖克柏均羞於承認自己抱持著這種封建觀點，但是他們對政治權威角色的態度與科克兄弟的觀點一致。這將是未來的戰爭，是一場由預期民主將持續堅持，並對不論貧富的公民負責任的人，以及被市場使命同化到認為只有科技業一小區塊（只佔國內生產毛額的百分之七・一）才算數的人之間的戰爭。富豪統治（plutocracy）這個詞彙的定義是，社會是由一小群極富公民統治或控制的社會。

科克兄弟及其盟友正在一個後聯合公民世界裡，竭盡所能地實現這種富豪統治。大衛在大選之夜和次日早上與川普一起慶祝，其盟友——副總統當選人麥克・彭斯（Mike

Pence）宣布，為科克兄弟管理自由夥伴（Freedom Partners）組織的馬克・蕭特（Marc Short）將出任川普政府的「高階顧問」。而科技界正搭乘科克兄弟勢力的順風車，科技界人士痛恨的反托拉斯法、隱私立法、稅賦及著作權保護，被認為與他們的未來息息相關。許多科技業領導者支持進步思想，但他們擁抱自由放任主義的原則，是未來政治傾向更正確的指標。自由放任主義反稅倡議者葛洛弗・諾奎斯特（Grover Norquist）曾誓言要「將政府的規模縮小到可以在浴缸裡淹死它」，並告訴*Vox*的伊茲拉・克萊恩（Ezra Klein），唯一讓矽谷繼續捐錢給民主黨的原因是文化問題。他說，如果不談同性戀婚姻問題，「就能輕易」說服矽谷的大公司捐款，並支持反對教師工會、反對規範共享經濟及全心全意支持自由貿易的共和黨。

五

二〇一五年，我與《浮華世界》總編輯格雷登・卡特（Graydon Carter）和眾多矽谷明星受邀參加舊金山的一場會議時，見識到了科技業鉅富的不食人間煙火。這場被稱為「浮華世界新權勢人物高峰會」（Vanity Fair New Establishment Summit）的會議讓我很好奇，矽谷的一切泡沫是否都與估值膨脹的「獨角獸」（估值超過十億美元的未上市公司）有關，因為它們幾乎成為所有台上演講和台下欽羨的焦點，對那些像飛蛾撲火般被卡特吸引而來的好萊塢舊權勢人物而言尤甚。

真正的泡沫是一種思維的泡沫，在這種泡沫中，那些顯然自認為比任何人聰明的傢伙所抱持的神奇思想卻從未遭受質疑。舉例來說，特斯拉汽車的伊隆．馬斯克表示，將斥資數億美元於火星殖民計畫上，甚至建議我們在火星上引發核子爆炸，藉此融解所有冰凍的水、暖化大氣，讓我們得以在未來的太空殖民地種植蔬菜。馬斯克一本正經地提出這個建議，採訪者及其他小組討論成員竟完全不覺得驚訝。馬斯克繼續抨擊佩吉花費數千萬美元追求想要活到兩百歲的心願，並且表示自己只希望開心地活到一百歲，到時候也許他已經能把大腦上傳到一部電腦裡，讓我們都能好好利用他無可限量的聰明才智。我想這是對矽谷文化特性的禮讚，稱許現在他們已經取代好萊塢，成為卡特的最愛。

1 編注：「漂綠」一詞係由「漂白」及「綠色」合成而生，指企業、政府或其他組織以某些行為宣示自己的環保意識，但實際所為卻是背道而馳。

2 編注：此指推特，因當時推特的推文字數上限為一百四十字。

| 第十一章 |

身為人類代表什麼？

養成習慣是許多產品存活的第一要務。

——尼爾．艾歐（Nir Eyal）

一

二〇一五年十二月，三十三歲的喬舒亞・布威爾（Joshua Burwell）從家鄉印第安納州雪瑞丹（Sheridan）到聖地牙哥遊覽，當他在耶誕節晚餐後沿著優美的日落懸崖漫步時，不幸跌落六十呎而喪生。聖地牙哥的救生員比爾・班德（Bill Bender）告訴記者：「目擊者表示，他看到有人因為使用電子裝置而分心，直接從懸崖邊緣墜落。他沒有注意看路，只顧著看手上的裝置。」雖然任何螢幕成癮者的死亡都是悲劇，但是我們不禁憂慮自己是否正在打造以成癮為基礎的數位經濟。根據二〇一三年的一項報告指出，我們一天檢查手機約一百五十次，平均每六分鐘一次。

一九九〇年至一九九一年期間，我製作文・溫德斯（Wim Wenders）的經典公路電影《直到世界末日》（*Until the End of the World*），背景時代是千禧年前夕的一九九九年，其中有一段劇情是許多角色對他們隨身攜帶的掌上型小螢幕成癮。一名《衛報》的影評人寫道：「從一個人想了解自己的過去開始，產生了懷舊成癮。從二〇一五年看來，他們緊抓著掌上型螢幕，像喪屍般的漫遊看起來更具新意。在溫德斯做的所有預測中，這個預測最深刻動人。」

在數位成癮的時代裡，身為人類代表什麼？或者更明確地說，如果我們的人性在線上有這麼多的展現，對於自我表達的模式成為少數幾家公司致富的原料，會有什麼看法？

二〇一五年十一月十三日和十四日，約一千名行動主義者與科技業人士在紐約市新學院（New School）集會討論網際網路的重新建構。他們希望創造一種合作（co-op）模式：個人直接相互連線，無須經由會蒐集資料的企業中樞，如谷歌和臉書。社會評論家暨作家道格拉斯．洛西可夫（Douglas Rushkoff）指出，我們太過專注在確保新的發明對機器有益。他的結論是：「我站在人類這一邊！」

問題是網際網路的設計者並不把我們當成人看待，而是看待我們有如實驗室裡的老鼠。我在《鉤癮效應：創造習慣新商機》（*Hooked: How to Build Habit-Forming Products*）出版後不久閱讀，這本極暢銷著作的基本論點是，為了打進數位贏家的圈子，必須讓顧客對你的應用程式成癮。書中的「觸發、行動、獎賞、投入」順序和我們學過的史金納箱（Skinner Box）基本心理學竟然如此相似。正如作家艾歐解釋道：「上鉤模式的核心是一種伯爾赫斯．弗雷德里克．史金納（Burrhus Frederic Skinner）在一九五〇年代所描述的強大認知習性，被稱作變動報償增強（variable schedule of rewards）。史金納發現實驗室老鼠對隨機獎賞的反應最貪得無饜，老鼠會按壓控制桿，有時候能得到一份小零食，有時候則是一份大零食，但是有時候什麼也沒有。不像每次獲得相同零食的老鼠，獲得變動報償的老鼠似乎會強迫症一般地按壓控制桿。」

和追求快樂的實驗室老鼠為獲得零食獎賞而按壓控制桿一樣，我們花費數小時在社群網站上追求「讚」的獎賞。那些獲得最多讚的人把它轉變成一種貨幣，就像二〇一五年日舞影展（Sundance Film Festival）無數「禮物套房」（gifting suites）展現的，一些大受歡迎的 YouTuber，如 iJustine 獲得免費商品，以交換他們上傳可獲得數百萬次點閱的火紅影片。iJustine 在 YouTube 上傳她長達三百頁 iPhone 帳單的影片，因而聲名大噪，她告訴《紐約時報》：「我喜歡產品，而且喜歡分享自己喜歡的東西。你我一定會上傳，你大可放心，尤其這個東西是我所喜歡的。」

二

如果不是因為這種網際網路時代的基本貨幣，我們會忍不住咒罵 iJustine 模糊了評論與渴望得到免費產品的界線。除了插入置入性行銷的機會外，卡達夏（Kardashian）的事業帝國還有什麼？電視和電影業如果沒有「品牌整合」收入來挹注預算，要如何存活？如果沒有打破評論內容與付費廣告界線的原生廣告，*Vox*、*BuzzFeed*，甚至備受推崇的《大西洋》又要如何營運？如果《鉤癮效應：創造習慣新商機》的作者所揭露的，關於我們對社群網路應用程式嚴重的成癮問題是正確的，那麼提爾近乎宗教崇拜的「自由」

是否真的與傑佛遜的生命權、自由權及追求幸福是一樣的？你的朋友每天花三個小時上Snapchat是否真的自由？我們與臉書的關係之間有任何自主權嗎？

我跟你一樣有罪，我把所有個人資料交給臉書，換取與朋友分享我度假照片的能力。但推特和臉書想要的不只是每個使用者的個人資料，每個平台都已經變成政治活動的重要工具。在二〇一六年總統大選期間，川普不斷誇耀他有一千萬名推特跟隨者，雖然根據追蹤有多少推特帳號是機器人、有多少不甚活躍，以及多少帳號是真有其人的StatusPeople網站所提供之數據，只有百分之二十一的川普推特跟隨者是該平台真正的活躍使用者；希拉蕊也好不了多少，她的跟隨者只有百分之三十被認為是真人。

二〇一二年總統競選期間，安能伯格創新實驗室進行了對推特與政治間關係的研究，卻得到令人不安的結果。我們設計了一套自然語言處理的電腦模型，來解讀每一則與每位候選人有關的推文，並且將它們依照情緒分類。剛開始我對於閱讀監看板上前一小時內的二十則最正面與負面的推文還感到興味盎然，但是幾週後大量攻擊現任總統的種族歧視推文，就讓人痛苦得無法繼續觀看。推特提供的匿名性成為引發最醜陋人性面的保護，柏拉圖（Plato）《理想國》（*Republic* 2.359a-2.360d）中提及《蓋吉斯之戒》（*Ring of Gyges*）的故事，戴上戒指的人會變成隱形。他詢問一個問題：如果不必對自己的行為結果負責，我們的行為會有什麼改變？我知道答案。

正如布魯克斯說的，我們正創造一種「競技場文化」，每週會有一個名人被丟入獅群裡。懲罰陌生人應該是一件危險的事，他們可能會反擊，並且因此危及我們的長期生存。查爾斯·達爾文（Charles Darwin）描繪的演化偏好狹隘的自利，但是網際網路的匿名性庇護了懲罰陌生人的人，同時也獎勵我們誇大自己的感覺，愈激憤的推文就愈會受到注意。心理學家尼古拉·雷漢尼（Nichola Raihani）在《連線》上表示：「我們的大腦看起來似乎天生就很享受懲罰他人。」

安迪·沃荷曾預告我們現在的「YouTube生活風格」，他說：「在未來，每個人都可成名十五分鐘。」他是以諷刺的口吻說出這句話，因為那確實是他被問到為什麼要把像荷莉·伍德勞恩（Holly Woodlawn）這麼平凡的變裝皇后捧為超級巨星時的回答。當然，沃荷這句話的妙處在於「**十五分鐘**」。從二〇〇五年至二〇一五年間有二十一位真人實境秀明星自殺來看，證實了沃荷對二十一世紀名氣轉瞬即逝的看法。

三

也許網際網路最大的缺失是匿名性和仇女心態的交集，當提爾表示一九二〇年代，女性被賦予投票權，讓「『資本主義民主』變成一個矛盾詞彙」時，他是在重申一句蘭德式的台詞──男人是生產者，而女人是攫取者。據美國人口普查局的數據指出，在科技業的僱用比例中，女性只佔該類勞動力的百分之二十九，卻佔美國總勞動力的百分之四十七。但最令人不安的是在玩家門（Gamergate）這類事件中所呈現的，男性對待女性的態度。

佐伊・昆恩（Zoe Quinn）是一個奇特的人，這位二十八歲女性電玩遊戲開發者的生活一直很愜意，直到她與男友分手。《華盛頓郵報》的報導寫道：

> 從二〇一四年八月，她的前男友伊隆・喬尼（Eron Gjoni）在線上張貼一篇有關她的九千字攻擊文章後，昆恩和家人一直飽受威脅，嚴重到昆恩逃離波士頓的家，唯恐性命不保。昆恩在九月時對一位市法院法官描述表示，喬尼的線上「仇恨暴民」挖掘出她的地址與裸體舊照、入侵她的網站，揚言要殺害和強暴她，並撥打多通威脅電話到她父親位於紐約上城的家。昆恩把所有這些證據都詳加記錄，儲存在壓縮檔裡。

但問題不只是不甘心的前男友，而是網際網路上仇恨女性的年輕男性暴民，和他們想成為遊戲社群一分子的作為。由於其他女性開始聲援昆恩的抗爭，這群暴民已經「變形成一個新反動派運動，誓言打擊線上的『社會正義戰士』（social justice warriors）」。

不過，對於花費許多時間騷擾昆恩的年輕男性來說，女性主義才是問題所在。當然，提爾在一九九〇年代初就有這種感覺，當時他在《史丹佛評論》上寫道，史丹佛校園裡最大的問題是「對男性的憎惡、對消滅所有性別差異的烏托邦式要求，以及相信性別歧視的普遍存在」，他覺得必須終結這種政治正確。

下一代的激進自由放任主義者自稱為另類右翼，雖然有許多人已經指出這只是與「法西斯主義者」相比，較不具侮辱性的稱呼。《布萊巴特新聞網》專欄作家雅諾波魯斯是喬尼最大的辯護者，他描述這群人的特性：「另類右翼的知識分子也主張文化和種族是無法分割的，相信人與人間某種程度的隔離，是維護文化不可缺少的做法。根據另類右翼的看法，一座清真寺緊鄰著一條插滿聖喬治（St. George）旗幟的街道，就既不屬於英國人，也不屬於穆斯林，因此隔離是區別的必要方法。」當被問到為什麼支持川普時，雅諾波魯斯回答：「川普代表著我們打破政治正確的最好機會……我希望有一個根據自由放任主義者－獨裁主義者陣營劃分的新政治區隔，而不是左翼和右翼的區分。」當川普聘請《布萊巴特新聞網》執行長史蒂夫．巴農（Steve Bannon）帶領他的競選團隊時，一位《華盛頓郵報》專欄作家指出，此舉代表「另類右翼奪取保守運動的危險徵兆」。但是對雅諾波魯斯來說，提爾是能與川普相提並論的英雄，因為提爾資助霍肯控告《高客》的訴訟。他寫道：「透過那場訴訟，提爾對解放社群媒體免於受《高客》全盛時期司空見慣的左翼公開羞辱之恐怖所做的貢獻無人能及。的確，沒有比另類右翼的崛起更能突顯《高客》支配地位的終結，就連保守派媒體也不能羞辱另類右翼。」

提爾與另類右翼雖相去不遠，但是參與的方式已經改變。提爾剛開始會得意地為他的意見署名（在《史丹佛評論》和其所撰寫的著作上），後來就像大多數另類右翼的代表人物一樣（除了雅諾波魯斯以外），提爾試著藉匿名隱藏他的參與，如同一名年輕人寫信給昆恩說：「我不會停止散播妳令人作嘔的裸照，還會讓妳生不如死，直到妳自殺或是我強暴妳至死為止。」當警察真的找到某些嚴重騷擾昆恩的人時，卻因為他們只有十三歲而無法加以逮捕。

四

要因應社群網路導致反社會行為的模因（meme），臉書和谷歌的公關專家大力推銷社群網路是民主源頭的概念。二〇一一年五月，在阿拉伯之春（Arab Spring）[1]示威抗議後，谷歌的施密特與臉書的祖克柏都穿西裝、打領帶，出現在法國多維爾（Deauville）的八大工業國高峰會。他們之所以出現在會場，是想要說服世界領導人取消任何規範他們公司蒐集使用者資料的能力。祖克柏懇求道：「人們一方面告訴我『你們在阿拉伯之春扮演的重要角色真好，但是也有點可怕，因為你們促成分享和蒐集人們的資訊』，但是魚與熊掌不可兼得，你不能將你所喜愛的網際網路部分隔開，然後控制不喜歡的其他部分。」所以祖克柏的推銷台詞是：「如果你們要我繼續把獨裁者趕下台，就不要規範我的事業。」不過從阿拉伯之春退一小步，我們才得以看清楚這真的是一個假選項。

二〇一一年初，協助發起解放廣場（Tahrir Square）革命，並推翻胡斯尼・穆巴拉克（Hosni Mubarak）的埃及谷歌員工威爾・戈寧（Wael Ghonim）說出真實的故事，這番話是他從監獄釋放，並逃出埃及後發表的一段 TED 談話：

> 我曾說：「如果你想解放一個社會，需要的就是網際網路。」我錯了，我是在二〇一一年匿名製作的一個臉書頁面，助長了埃及革命的火苗時，發表了這樣的言論。阿拉伯之春顯露出社群媒體最大的潛力，但也暴露出它最大的缺點。讓我們團結得以推翻獨裁者的同一工具，最後也讓我們分崩離析。

所以是哪裡出了問題？根據戈寧指出：

> 第一，我們不知道要如何處理謠言。大眾相信這些強化人們偏見的謠言，並散播給數百萬人。

第二，我們往往只與意見相同的人溝通，而拜社群媒體所賜，我們可以保持緘默、不跟隨及封鎖其他人。

第三，線上討論很快就會淪為憤怒的暴民的發言……就像我們忘記螢幕後面的人是真實的，而不只是虛擬化身。

第四，要改變我們的意見真的很困難。由於社群媒體的快速和短暫，我們被迫妄下斷言，以一百四十個字寫出對複雜世界事務的強烈意見。一旦我們寫出後，它就會永遠存活在網際網路上……

第五，從我的觀點來看，也是最重要的一點，就是今日我們的社群媒體體驗設計的方式利於傳播勝過參與、利於貼文勝過討論、利於淺薄的評論勝過深入的對談。好像我們都認為，來到這裡是要跟對方說教，而不是彼此對話。

雖然戈寧談論的只是個人的後解放廣場（post-Tahrir）經驗，但卻幾乎是美國和其他地方的推特政治討論的怪誕寫照。社群媒體在號召人們參加示威抗議時可能很有用，但事實證明它在穆巴拉克下台後，嘗試組織反對黨時卻派不上用場。也許更大的問題是，根據非營利組織自由之家（Freedom House）指出，全球的獨裁政權從二〇一一年以來不減反增，有七十二個國家的自由程度下降，只有四十三國有所改善。該組織指出，中國、沙烏地阿拉伯及敘利亞等國政府有能力利用網際網路作為監視人口的工具，此外，從二〇一一年以來，對社群媒體的監視已愈來愈嚴密。正如中國部落客蘇雨桐在被迫離開中國後表示：「有人說過，互聯網是上帝送給中國人的禮物。不過，對中國的互聯網用戶來說，它更像是被加諸於身的鐐銬。」二〇一六年十月《華盛頓郵報》報導，中國當局計劃進一步利用網際網路來監視人民：

> 想像世界上有一個獨裁政府監視你的一舉一動，從你的所有互動中蒐集數量龐大的資料，衡量你有多「值得信任」，並給予一個分數來獎賞你。
>
> 在這個世界裡，從拖欠一筆貸款到批評執政黨，闖紅燈到沒有妥善照顧父母，每件事都會導致你被扣分。
>
> 此外，在這個世界裡，你的分數變成「你是誰」的終極標準——決定你能不能借到錢、送孩子進入最好的學校或是出國旅遊；你能不能在豪華旅館訂到房間、在最好的餐廳訂到座位，甚至是有沒有人願意跟你約會。
>
> 這不是史蒂芬．史匹柏（Steven Spielberg）《關鍵報告》（*Minority Report*）裡的反烏托邦超國體（superstate）；在這部電影中，全知全能的警察必須在犯罪發生前阻止它。但到了二〇二〇年，中國可能就是如此。

這個假想情況隱含在中國野心勃勃地全面實施社會信用系統的計畫中，共產黨希望透過這項計畫建立「誠信」的文化和「社會主義和諧社會」，在這個社會中，「守信是光榮」的事。

五

當科技富豪統治階層談論自由的概念時，他們真正的意思是什麼？由金恩領導向華盛頓進軍，為的是工作和自由。現在我們已經很清楚，自由放任主義菁英帶給我們的自由並不會伴隨著工作，臉書將以不到一萬五千名員工創造一年兩百億美元的營收就是明證。提爾的企業理念——自由坐收壟斷利潤、營運免於政府的規範，是我們希望在自己國家實現的嗎？提爾的偶像蘭德這麼定義自由：「不要求任何事、不期待任何事、不依賴任何事。」這與啟發傑佛遜的偉大希臘哲學家伊比鳩魯（Epicurus）以下列文字定義美好生活與自由的差距又有多大？

- 有好友相伴。
- 享受富意義工作的自由和自主權。

◆願意遵循一種具有核心信念或哲學的自省生活。

如果我們思考科技烏托邦主義者的願景世界，將會發現一般市民將難以享有富意義工作的自由和自主權。如果你的生活，均仰賴每天花費四小時為 Uber 開車、為住在你空房間裡的 Airbnb 客人擔任接待人員，並把晚上的時間用在亞馬遜的土耳其人機械人平台做眾包工作，這種生活能符合伊比鳩魯的標準嗎？而你有時間過著一種「自省」的生活嗎？科技成功的目標是自由，還是成癮？

六

新卡默達利修道院（New Camaldoli Hermitage）座落在加州大蘇爾（Big Sur）臨近太平洋山上海拔一千三百呎的地方，那裡沒有電信服務、Wi-Fi 及其他便利的電子用品。在過六十八歲生日時，我在皮科．艾爾（Pico Iyer）所著小書《靜思的藝術》（*The Art of Stillness: Adventures in Going Nowhere*）的激勵下，給自己一份在這座本篤會隱修院安靜度過時間的禮物。除了修士在教堂的唱誦外，這裡沒有人說話，不過這當然就是我來到這裡的目的。在家裡，我和任何人一樣老是看電視、檢查電子郵件，同時使用手機通話，但是我想我們都必須放下手中的裝置去度假。

在我與修士相處的三天，我學到本篤會信徒相信生活是五種反覆不斷的實踐：

- 祈禱：祈禱可以是一天中任何沉默的修行或靜思。
- 工作：工作是平衡生活的一部分，而不能是全部的焦點。
- 學習：學習，即閱讀前人的智慧。
- 待客：以親切態度對待周遭的人，也意味與朋友分享。
- 更新：每週抽出一天時間，放下每日操心的事（和螢幕），欣賞周遭的自然美景。

我不是天主教徒，但我發現修士的方法很有用，是我想要生活在世間的模範。過著自省的生活，在我們當前來去匆匆的數位生活裡早已不復存在。也許對大多數的人來說，追隨修士們對社會的奉獻犧牲太大，但是當我沉浸在他們的十四世紀聖歌歌聲中時，心思一直盤旋在兩週前於南卡羅萊納州查爾斯頓（Charleston）發生的事件，有九名教會教友被名叫迪蘭・魯夫（Dylann Roof）的種族歧視青年殺害。想到被殺害的教友家人竟願意原諒凶手，我不禁對信仰的力量感到驚奇。我不確定自己的信仰能否在面對這種邪惡時還保有如此的寬宏大量，但卻對它存在充滿憎恨政治氛圍的生活中而感到驚嘆，我不斷想著這種社群意識的力量究竟有多強大。

偉大的生物學家愛德華．威爾森（Edward Wilson）在《社會如何征服地球》（*The Social Conquest of Earth*）中主張，演化較利於懂得合作的人類。我們的史前祖先中，有一些人外出狩獵，有一些人則留下來看顧火苗。如果每個人都為了自己的食物外出狩獵，當狩獵者回來時就沒有留下的火堆可以烹煮獵物。這就是為何我和提爾等一眾蘭德信徒的觀點沒有交集，他們相信「如果文明想要延續，人就必須拒絕利他主義的道德」。現在我們已淹沒在矽谷要在「鯊魚缸」裡存活的宣傳，把不顧一切，只為創立事業的創業者偶像化。生物學家法蘭斯．德瓦爾（Frans de Waal）描述安隆執行長史金林如何摧毀公司：

史金林曾公開宣稱信奉理查．道金斯（Richard Dawkins）偏重基因的演化觀點，他把員工按照優劣分為從一到五的等級，藉以模擬物競天擇。任何落入第五級的員工均會遭到開除，而且必須先遭受一個專門設置著其肖像的網站羞辱。在這種稱為「考績定去留」（Rank & Yank）的政策下，每個人都很樂於踩在同事的頭上往上爬，形成對內欺瞞狡詐與對外無情剝削的企業文化。

至少從一九九五年起，企管學院的教授已經駁斥這種行為，認為是奧地利經濟學家約瑟夫・熊彼得（Joseph Schumpeter）主張「創造性破壞」（creative destruction）的自然結果。持續成長的科技經濟帶來不斷的變遷，將創造一種新型員工：短期導向，並且注重潛在能力勝過已獲得的知識。但是大多數的人都像伊比鳩魯，甚至像新卡默達利修道院的修士。我們需要活在「為擅長做特定工作感到自豪，並珍惜過往經驗」的生活主張中。

我有許多在南加州大學的教職員同僚，均對知識心懷崇敬，並以此態度從事他們的工作。但是學生卻為他們帶來新壓力，要求他們順應創造性破壞的文化。這些學生畢業後應該都能找到薪資優渥的工作，已經不再有先於歐洲闖蕩一年，再開始「正經」做事的念頭。產生這種差異的原因是大多數中產階級大學生的背後，都緊跟著幽靈般的債務。一九七〇年，加州大學把本地學生一年的學費提高了一百五十美元，變成一萬三千五百美元。畢業生平均背負著三萬美元的學生貸款，造成的效應是找到好工作的壓力大幅升高。正如經濟學家史迪格里茲寫道：「平均而言，許多大學畢業生要花費幾個月才能找到一份工作。他們通常會先做一、兩個不支薪的實習工作，並認為這樣就算是運氣不錯了，因為知道有許多同儕可能更慘。有些人在校表現可能較好，卻無法承受一、兩年沒有收入的生活，也沒有人脈可以先找到實習工作。」至少從加州大學生的觀點來看，找工作似乎意味著在科技業做事；而在美國東岸，則是可能代表在華爾街的職務。基本上，我們的大學已經被改造成職業學校，我們是否正在放棄人文學科和基本通識學科的教育，為的就是訓練學生走上在矽谷或華爾街等待的職涯？

通識學科和人文學科很重要，正如伊比鳩魯時代的希臘人會說的：沒有藝術，我們就不會有同理心。古希臘人使用 catharsis 這個字，來表示情感透過藝術的淨化、獲得更新及恢復的結果。文化評論家韋瑟提爾寫道：「藉由創造同情心，藝術奠定了道德行為的內在條件基礎。」我很幸運曾有多次這種情感淨化的經驗，在布魯斯・史普林斯汀（Bruce Springsteen）參與巴布・狄倫的演唱會；在庫柏力克、大衛・連（David Lean）及史柯西斯的電影裡，在少年時閱讀《梅岡城故事》（*To Kill a Mockingbird*）時也曾有這樣的感受。我猜你也一樣，曾在許多情況下體驗到藝術的情感更新。但在某些時期（也許就像現在），表演者想要激發淨化的渴望已經退居幕後，因為感覺自己正面臨愈來愈大的商業壓力。

在一九七六年影響深遠的著作《資本主義的文化矛盾》（*The Cultural Contradictions of Capitalism*）中，哈佛心理學家丹尼爾・貝爾（Daniel Bell）闡明現代資本主義創造出一種極其自滿和自戀的文化，很可能將結局導向自我毀滅。這種說法似乎是 DigiTour 的完美寫照。DigiTour 是由六位最受歡迎的 YouTube 明星，於二〇一五年在六十個城市所舉辦的巡迴演唱會，售出二十二萬張門票，觀眾主要是九歲至十五歲的女孩。演唱會中，粉絲發出的尖叫喧鬧聲，有時候會大到保全人員需要往耳朵裡塞進舒潔（Kleenex）衛生紙。這當然是美國人的習慣，最早可能可回溯至一九四二年十二月，法蘭克・辛納屈（Frank Sinatra）於紐約派拉蒙戲院登台時。傑克・班尼（Jack Benny）評論道：「我以為這座該死的建築物會倒塌，我從未聽過這麼吵鬧的聲音……全都是因為這個我沒有聽過的傢伙。」一九五六年貓王也曾吸引類似的尖叫群眾，更不用說一九六四年席捲美國的披頭四狂熱（Beatlemania）。

但是，DigiTour 的情況卻有些不同，因為那些「人才」完全不會唱歌或跳舞。正如 *BuzzFeed* 指出：「大抵而言，這些表演者並非真的有表演實力，幾乎每場演唱會都會有人大聲招呼：「我們現在來自拍吧！」甚至有某些人會鼓勵觀眾製造噪音，而人們就會照做。YouTube 上最有人氣的明星是 PewDiePie，他在 YouTube 上的訂閱者比碧昂絲（Beyoncé）還多，影片觀看次數高達一百三十億次，影片內容多為其進行電腦遊戲的實況（以及他在遊戲中的各種浮誇反應）。這就是現在的「人才」，我相信它與淨化無關，也與藝術在有歷史以來，於我們生活中所扮演的角色也無關。

網際網路革命理應開啟數位民主的新時代，為每個有才能的人打開流通的管道，但是為什麼我們塑造出只會玩電玩遊戲的少年人才？著名的無限猴子定理（infinite monkey theorem）推斷，如果你讓夠多隻猴子進行夠長時間的打字行為，牠們終究會寫出《哈姆雷特》（*Hamlet*）。但每分鐘上傳到 YouTube 的四百小時影片，是否創造了新的史柯西斯或法蘭西斯．柯波拉（Francis Coppola）？這種「更多」的經濟學，是否正讓我們淹沒在平庸之海中？

當然，還是有些人堅持我們活在電視的黃金年代裡。但值得注意的是，所有經常被援引為例的成功節目，如《黑道家族》（*The Sopranos*）、《絕命毒師》（*Breaking Bad*）、《廣告狂人》（*Mad Men*）、《陰屍路》（*The Walking Dead*）及《無間警探》（*True Detective*），都呈現出一種陰暗的虛無主義，完美地符合文化理論家賈克．巴森對我們時代的頹廢描述：「藝術作為生命的形式似乎早已耗竭，發展已來到盡頭。體制的運作充滿痛苦，重複和挫折是不可避免的結果，無聊和疲倦是最大的歷史力量。」

不過，我在南加州大學的同僚，偉大的文化批評家亨利．詹金斯（Henry Jenkins）還有另一個觀點，我想也有必要在此談談他對當前電視節目的看法：

> 我認為這些陰沉的戲劇可能也存在著一些社會心理學的意義，因為在各種危機中所顯現之某些白人男性特定的「男性氣質」，成為劇中所要探討的議題。舊體制的

> 力量似乎正在式微，某些類別的特權受到質疑，某些虛偽不再被容忍。這些故事可能被白人男性視為其權力衰退的探討，以及被其他族群視為代表對傳統權力結構的批評。這兩種觀點都反映出與反英雄相關的矛盾心理，因此也從兩方面反映出今日美國夢核心部分的破碎和不滿。

打破所有規則並逃避接受懲罰的反英雄，例如唐・德雷柏（Don Draper）[2]，以及東尼・沙普蘭諾（Tony Soprano）[3]是詹金斯所提出的主要概念，但他指出，還有一個更有前景的影集類別，涉及白人男性沒落的主題：

> 好，我們有聰明年輕女性的故事，尤其是有色人種女性，試著在她們所選擇的領域裡獲得成功，受益於不同類型的支持架構，如對抗種族歧視的結構性組織。通常都能克服對自我的懷疑，不再舉棋不定；但是問題終究還是出在握有權力的男性白人身上。此外，我們也有為公眾福祉共同努力的團隊故事（如警察起訴罪犯），這些故事通常都會面臨有限的資源和道德的曖昧不清，但是整個團隊的心仍會追隨從道德原則與理性程序得出的明智解答。

詹金斯認為電視的黃金年代是真實且可長可久的，這種看法可能是對的，但是我仍然認為其他媒體，包括音樂、影片、書籍及新聞報導的贏者全拿經濟學，終將壓垮電視產業。正如福斯電視網（FOX Network）執行長約翰・蘭德格拉夫（John Landgraf）指出：「電視節目實在太多了，我們正在一個泡沫的後期階段。」一九八〇年代中期，我有幸與已故的威廉・派里（William Paley）共進晚餐。派里創立了哥倫比亞廣播公司，並領導該公司超過五十年。他告訴我，在一九六〇年代擁有一家電視台無異於拿到「一張印鈔執照」。一個最熱門的節目，一晚可能就有四千萬名觀眾收看；然而，當《廣告狂人》在二〇一五年播出最後一季時，收視人次卻僅有一百七十萬。但這已是相當幸運的了。誰知道有多少人觀賞亞馬遜贏得金球獎（Golden Globe）的電視劇《叢林裡的莫扎特》（*Mozart in the Jungle*）？我猜還不到一百萬人。戲劇每小時的製作成本從未下降，雖然觀眾已經減少百分之八十。在產量增加的時代（尤其是亞馬遜、YouTube 付費會員及 Netflix 等機制進場時），報酬率卻降低，到最後勢必會造成崩盤。

但是，谷歌、臉書及亞馬遜的奇才安撫我們，「資料」將可避免崩盤。彭博摘錄摩根大通銀行（JP Morgan Chase）的一份報告，表示：「擁有最多的資料者就能脫穎而出，而後設資料（metadata）的價值也將從內容流通轉向實際製作。」如果音樂產業是前車之鑑，也許這是一條死路。音樂產業已成為「音樂重工」（song machine），正如約翰・西布魯克（John Seabrook）在同名著作《音樂重工：金曲工廠內幕》（*The Song Machine: Inside the Hit Factory*）中所稱。西布魯克把流行曲調的雷同歸因於資料的使用，導致製作人轉以現在最流行的「音軌與鉤子」（track and hook）歌曲寫作法來製作音樂，特別是嘻哈和舞曲：

> 在一首以「音軌與鉤子」寫作法製作的歌曲中，「鉤子」要儘快出現，然後是歌曲的即興伴奏，以三或四種和弦的模式進行，很少或沒有變奏。由於它會重複，所以伴奏需要更多鉤子，包括前奏、主歌、前置副歌、副歌及尾奏的鉤子。傑・布朗（Jay Brown）解釋道：「只有一個鉤子已經不夠用了，你必須在前奏有一個鉤子、前置副歌有一個鉤子、副歌有一個鉤子，橋段也要有一個鉤子。」他又解釋，這麼做的原因是一般人聽廣播時會給一首歌七秒的時間，然後決定是否轉台，你必須把握時間讓他們上鉤。

如果大唱片公司將更多從歌曲機器獲得的利潤用以培養人才，而非製作更多工廠生產的流行歌曲，我們可能會發現自己正置身在藝術復興時期。巴森寫到文藝復興時指出，歷史中創作作品的多產期均猶如曇花一現，然後便會消失無蹤。所以，也許我們只是處於一段創造的空白期，而機器在其中取代了藝術家，另一次復興將會再度來臨。

七

一九六〇年代，我很幸運能在音樂事業的兩個復興時刻，與巴布．狄倫、樂隊合唱團及哈里森一起生活與工作。然後從一九七四年開始，我在好萊塢當製片人，當時有一群具有革命家精神的年輕製片人，包括馬丁．史柯西斯、法蘭西斯．柯波拉、喬治．盧卡斯（George Lucas）、史蒂芬．史匹柏及保羅．許瑞德（Paul Schrader），都對重新打造電影產業有著「狂熱的興趣」與互相較勁的度量。從舊好萊塢的觀點來看，一群瘋子接管了精神病院，因而重新點燃了創造力。這段日子持續了大約六年，然後經理人又重新控制大局。在這段期間內拍攝的電影確實令人讚嘆，《教父》（*The Godfather*）、《美國風情畫》（*American Graffiti*）、《外科醫生》（*MASH*）、《納許維爾》（*Nashville*）、《計程車司機》（*Taxi Driver*）、《大白鯊》（*Jaws*）、《浪蕩子》（*Five Easy Pieces*）、《洗髮精》（*Shampoo*）、《最後一場電影》（*The Last Picture Show*）、《殘酷大街》（*Mean Streets*）、《霹靂神探》（*The French Connection*）、《窮山惡水》（*Badlands*），還有許多其他的佳作，我們這些曾參與這波美國新浪潮

（American New Wave）的人，將會永遠珍惜這段時光。到了一九八〇年，音樂和電影產業已經切換為賣座鉅片模式，以麥克・傑克森的《顫慄》與盧卡斯的《星際大戰》（*Star Wars*）為代表。那就像是整個棒球隊的打者都被預期打出全壘打，而非一壘安打或二壘安打。

是什麼原因生成了這段非比尋常的時期？首先，它緊接在一次崩潰之後——一九六〇年代末期的電影產業是由五大家族所掌控的公司支配，而且只有單一的業務線，就是電影的製作和流通，華納兄弟的業主是傑克・華納（Jack Warner）、二十世紀福斯（20th Century Fox）由查納克（Zanuck）家族掌控、哥倫比亞影業（Columbia Pictures）由施耐德（Schneider）家族經營、聯藝電影（United Artists）由亞瑟・克里姆（Arthur Krim）擁有，而派拉蒙影業則仍由九十多歲的阿道夫・朱克（Adolph Zukor）所控制。隨著電視產業愈來愈成功，觀看電影的人數持續下滑，到了一九六〇年代初期，電影產業已經陷入危機。為了刺激觀眾人數成長，各大影業公司開始製作一連串大場面的電影和音樂劇。雖然這些電影與一般電影並沒有多大的不同，但是製作成本卻高出許多。像《埃及豔后》（*Cleopatra*）、《長征萬寶山》（*Paint Your Wagon*）、《礦工之怒》（*The Molly Maguires*）等電影的票房都很慘淡，以致到了一九六九年，大多數製片廠都瀕臨倒閉邊緣。在一片混亂中，一位名叫伯特・施奈德（Bert Schneider）的年輕人說服他的兄長，也就是掌管哥倫比亞影業的史丹利・施奈德（Stanley Schneider）給他三十六萬美元，製作一部嬉皮機車公路電影，這部於一九六九年初發行的《逍遙騎士》（*Easy Rider*）完全改變了電影產業。這部電影的票房超過六千萬美元，因此投資報酬率極為可觀。各家瀕臨破產的製片廠都立刻開始尋找新手導演，拍攝製作成本不到一百萬美元的電影。

尋找新手導演，首選當然就是紐約大學（New York University）、南加州大學和加州大學洛杉磯分校（University of California, Los Angeles）的電影學院，但是這些接受電影學院訓練出來的年輕人（幾乎清一色都是男性），對於導演所扮演的角色，其看法與仍然掌管製片廠的老大亨有著很大的差別。這些年輕人在學校受歐洲新浪潮（New Wave）導演的教導，如法蘭索瓦・楚浮（Francois Truffaut）、尚盧・高達（Jean-Luc Godard）、費德里科・費里尼（Federico Fellini）及英格瑪・柏格曼（Ingmar Bergman）。在歐洲，導演是電影的創作者，在法律上或精神上都是如此。《逍遙騎士》大獲成功後，導演丹尼斯・霍柏（Dennis Hopper）爭取並獲得最後剪接權，也就是決定電影對大眾發行時影片內容的版本，後來這在伯特・施奈德的公司BBS變成標準流程，該公司也繼續與鮑伯・拉費森（Bob Rafelson）合作拍攝《浪蕩子》，並與彼得・博格達諾維奇（Peter Bogdanovich）拍攝《最後一場電影》。這些都需要能跟上新思潮的主管，他們必須能夠敏銳了解新製片人的需求。為華納兄弟影業拍攝《我倆沒有明天》（*Bonnie and Clyde*）的亞瑟・佩恩（Arthur Penn）曾說過一則老華納試圖了解新世代的故事，該片的主角暨製作人華倫・比提（Warren Beatty）和佩恩一起到華納家播放這部電影。華納在關燈前說：「如果我必須離開座位上廁所，你就知道電影很爛。」不到二十分鐘，華納起身小解。電影全部播完後，華納對佩恩與比提說：「這是什麼東西？好人在哪裡？」他討厭這部電影，但是公司已經投入兩百五十萬美元，所以只好允許比提將之作為藝術實驗電影發行。最終佩恩和比提獲得影評人的肯定，使得華納兩百五十萬美元的投資，翻轉成七千萬美元的票房收入。

暫時性的經濟紓解，讓華納得以將公司轉售給七藝影業（Seven Arts），然後再賣給專門提供停車場與清潔業務之金尼全國服務（Kinney National Service）的史蒂夫・羅斯（Steve Ross）。羅斯很聰明，知道需要新類型的經理人來管理創意事業，因此僱用傑出的經理人泰德・阿什利（Ted Ashley）和製片人約翰・卡力（John Calley）來管理華納兄弟影業。卡力在許多方面追隨為羅斯管理華納兄弟唱片的奧斯汀之模式（參見第五十頁），唱片業人士稱之為「藝人與曲目」（A and R）原則，也就是管理必須注意的兩件事：讓藝人滿意，同時確保歌曲和劇目有最高品質。例如，在卡力買下我與史柯西斯的電影《殘酷大街》後，我們首次會面的前半個小時，是花在討論我們三人共同著迷的邁爾士．戴維斯（Miles Davis）上。卡力的辦公室裡有兩張小山羊皮長沙發，環繞著一張休閒椅和腳凳，放眼望去未見辦公桌。它的目的是為了打破科層組織，而且還真的有效。離開卡力的辦公室時，我們覺得已經獲准加入一個祕密社團。

對藝術家友善的管理只是這種互動關係的一部分，真正的祕訣在於節約。我談到這一波復興時所舉出的電影都是以約一百萬美元製作成本拍攝完成，即便連當時的史詩級鉅作《教父》也只花了六百萬美元。和早十年拍攝的《埃及豔后》花費三千七百萬美元相比，《教父》對派拉蒙影業來說是一筆划算的生意，以藝術自由交換預算的節制。很少導演能再享有最後剪接的權利，因為要求製片廠給你一億美元的預算，然後告知管理階層對影片沒有決定權是很難被接受的，即便是對狂妄自負的好萊塢大咖來說也是如此。由於在一九七〇年代預算成本較低，而且藝術家有更多的自由，電影無可避免地涉入政治、性及權力的領域，不再局限於幻想世界中超級英雄的威力。這對成長時期伴隨著毒品，以及約翰．甘迺迪（John F. Kennedy）、金恩和羅伯特．甘迺迪（Robert Kennedy）被暗殺，當然還有越戰的世代來說，確實極具啟發性。那些以低預算在文化邊緣工作的藝術家，往往是推動藝術向前邁進的人。奧森．威爾斯（Orson Welles）拍攝《大國民》（*Citizen Kane*）的預算是八十萬美元，相較於兩年前米高梅花費近四千萬美元拍攝的《亂世佳人》（*Gone with the Wind*），電影產業普遍均承認《大國民》提升了電影藝術的水準，是更好的電影。今日的大型製片廠幾乎已經放棄那些身處邊緣的藝術家和其所堅持的熱情，把資金與心思投注在「特許經營」，也就是可以根據公式無盡複製的漫畫電影，只須由進度管理者來製作，而無須煩勞有獨創性的導演。

在一九六九年至一九七九年這段短暫的期間，最無與倫比的，是我們享有的合作與協調關係。出身電影學院的世代會閱讀彼此的劇本、建議演員人選，並參加初次剪接後的試映。當然也會相互競爭，但更重要的是還會彼此支援。柯波拉看過《殘酷大街》的初次剪接後，就向貝納多．貝托魯奇（Bernardo Bertolucci）建議選派勞勃．狄尼洛（Robert De Niro）擔任《一九〇〇》（*1900*）主角，並且告訴艾倫．鮑絲汀（Ellen Burstyn）為《再見愛麗絲》（*Alice Doesn't Live Here Anymore*）僱用史柯西斯，然後在《教父II》中（*The Godfather: Part II*）請狄尼洛擔綱演出；許瑞德曾參加《殘酷大街》的早期試鏡，立刻致電剛以《刺激》（*The Sting*）贏得奧斯卡獎的麥可．菲利普斯（Michael Phillips），表示史柯西斯和狄尼洛是新劇本《計程車司機》（*Taxi Driver*）的絕佳人選。

從一九二〇年代初期的路易斯．阿姆斯壯和查理．卓別林（Charlie Chaplin），到一九八〇年賣座電影誕生，中間這段特別的期間，有沒有可能是一段再也不會重現的文藝復興時期？一九九八年，美國電影學院（American Film Institute）首度公布歷來最偉大的一百部電影名單，其中只有十三部是在一九八〇年以後拍攝的。我對懷舊不感興趣，而是想知道其中發生什麼改變。也許詹金斯說得對：一九七〇年代美國新浪潮中極其重要的新現實主義（neorealism）已繁衍到電視產業。但是電視產業也孕育出真人實境秀的時代，在這類節目中的金．卡達夏（Kim Kardashian）與川普就足以殺死任何可能存在的文化創新。

八

一九七〇年諾貝爾經濟學獎得主喬治．阿克洛夫（George Akerlof）發表的一篇論文，可能可以幫助我們了解臉書、YouTube及谷歌帶來的媒體商品化對文化所造成的影響，那篇論文名為〈檸檬市場：品質不確定性和市場機制〉（The Market for Lemons: Quality Uncertainty and the Market Mechanism）。阿克洛夫表示，當你買一輛二手車時，會假設最壞的情況——它是一顆檸檬（指品質低劣的次品）。因此，一輛實際品質良好的二手車車主總是無法順利將車子賣出，因為沒有人願意支付高於平均品質的價格。在寬頻網路世界裡，典型的廣告贊助媒體消費者就像是二手車買家，他們假設內容只有平均水準的品質，而這不可避免地促成了攸關企業生存的商業策略興起，一如安德森在著作《免費：揭開零定價的獲利祕密》（*Free: The Future of a Radical Price*）中談到的免費贈送。如果我準備觀賞的 YouTube 影片是免費的，我除了觀看的時間外並沒有任何損失，我可以假設它是檸檬，甚至毫無價值可言。在 YouTube、谷歌及臉書對待所有內容有如商品（作為達成某種目的之手段）的世界裡，它們在大眾心中沒有價值並不奇怪。我認為，把藝術與隨機上傳的內容擺在一起的假民主，讓許多人以為藝術很容易製作，也因此毫無價值。正如德隆所說的：「即使谷歌坐視它的內容供應商像沙灘上的魚那樣喘息，它仍然可以繼續賺大錢。」

在過去，像保琳．凱爾（Pauline Kael）或格雷爾．馬庫斯（Greil Marcus）這種影評人可以協助我克服這種資訊不對稱，引導我注意他們視為高品質的作品。音樂、書籍及影片的銷售排行榜讓行銷人員可以略過評論家，讓他們在這個過程中變得幾乎無足輕重。你認為麥可．貝（Michael Bay）的《變形金剛》（*Transformers*）製片人會花費一分鐘擔心影評嗎？還有，別把我說的影評人和爛番茄（Rotten Tomatoes）網站的網民混為一談。偉大的影評人凱爾是我十分信任的人，她不是一套處理兩萬則電影評論的運算法，而是對每部電影都有一套充滿熱情的理論，不管她喜歡與否。每件藝術作品都有存在的理由，她藉由讚揚好東西而讓我們變成更好的製片人。對照之下，韋瑟提爾宣稱，當前的批評都是「一段演出」：「發表一句聰明的評論，然後繼續前進。演出是一段沒有信念和熱情的評論，一個從未凝聚為立場的印象。」網際網路助長演出，用一則推文來評論整部電影，要用一百四十個字評論最新的《變形金剛》電影可能很容易，但是我懷疑像是《大賣空》（*The Big Short*）或《驚爆焦點》（*Spotlight*）這類的電影，是否也能如此進行評述。漫畫電影，甚至 PewDiePie 在 YouTube 上傳的一段新影片，其背後原理是一則推文或網際網路上的三十二秒廣告，將會告知一切你需要知道關於它的事。

因此，對於像 YouTube 這類平台的內容商品化，我想重申藝術的重要性。我們常常覺得藝術、政治及經濟都不可分割地共生交織在一起，但是歷史已經證明，藝術扮演著對既有體制錯誤的強大矯治力量。文明中有一套節制與平衡的系統，雖然藝術可能仰賴強健的經濟和政治制度提供的社會結構，但藝術家能激發向前邁進的文化，拒絕貪婪與偏見的邪惡，並且重新連結文明和人性的根源。這種能力不能教導給電腦運算法，儘管販賣「資訊管理解決方案」的公司，如維理軟體（Veritas）在《紐約時報》一篇「贊助內容」裡宣稱：

> 皮德蒙特媒體研究公司（Piedmont Media Research）的喬舒亞．林恩（Joshua Lynn）及其團隊受僱於大型製片廠，以便對隨機觀眾測試新的電影概念。據林恩表示，他們會先對一段寫出來的電影概念列出數百種反應，這個電影概念「幾乎就像一段我們可能會在預告片看到的文字描述」。將這些反應再度加以分析，會產生一

項該公司稱作消費者參與分數（Consumer Engagement Score）的數據，這是介於一到一千的數字，顯示觀眾有多同意一個概念，並且依照年齡、種族、地理區和其他因素區分。林恩表示，此數據預測好萊塢賣座電影之準確率可達百分之八十九。

這當然是一派胡言，但是它可能透露出為什麼電影院裡充滿千篇一律的漫畫英雄電影，無論你愛怎麼稱呼都可以，但它已經不再是電影藝術了。

追求政治與經濟變革的人應該考慮擁抱藝術，身為市民的角色有一部分是更要仔細檢視周遭的媒體，並以批判的思維看待其影響，具體來說就是媒體推銷的是誰的目標，以及這個目標是否符合多數人的利益。二〇一一年，著有《變腦》（*Being John Malkovich*）、《蘭花賊》（*Adaptation*）的劇作家查理．考夫曼（Charlie Kaufman）在英國影藝學院（British Academy of Film and Television Arts）演講時，說了一段簡單但語重心長的話：

> 世界各地的人花費無數小時的生命在消費電影、電視劇、報紙、YouTube 影片及網際網路等各種形式的娛樂上，所以認為這些東西不會改變你的大腦是很荒謬的想法。

> 同樣荒謬的是，人們認為這種大規模的分心和操縱不是掌權者便於利用的工具。他們快要餓死了，卻可能渾然不知，因為他們被餵養以大量製造的垃圾。垃圾包裝得既繽紛又熱鬧，但它們和Pop-Tarts[4]與iPad的製造系出同門，製造者處心積慮想的都是：「我們要怎麼讓人們購買更多這些東西？」
>
> 而且他們很擅長這項工作，這就是你得到的東西，因為他們製造的就是這些，他們賣這些東西給你，今日的世界就是這樣打造的。政治與政府建立在這個基礎上、企業建立在這個基礎上、人際關係也建立在這個基礎上。我們快要餓死了，所有人都是，我們正在殺死彼此，我們痛恨彼此，大罵彼此是騙子和惡魔，因為一切都變成行銷，而我們想要成為贏家，因為我們既寂寞又空虛又害怕，被誤導相信「贏」就會改變一切，但是這裡並沒有贏家。

尼爾・波茲曼（Neil Postman）在著作《娛樂至死：追求表象、歡笑和激情的媒體時代》（*Amusing Ourselves to Death: Public Discourse in the Age of Show Business*）裡比較兩種二十世紀中葉的未來看法，分別是歐威爾在《一九八四》（*1984*）與赫胥黎在《美麗新世界》（*Brave New World*）的觀點。雖然歐威爾的反烏托邦夢魘可能較為知名，但我的看法是赫胥黎對這個時代的看法比較正確。以下是波茲曼優美的摘錄：

歐威爾害怕的是那些會禁書的人，赫胥黎害怕的則是未來將沒有禁書的理由，因為到時候不會有人想讀書；歐威爾害怕有人將剝奪我們取得資訊的權利，赫胥黎害怕會有人給予我們那麼多的資訊，讓我們淪為被動和沉溺於自我；歐威爾害怕真理將被遮蔽，赫胥黎害怕真理將會淹沒在無關緊要的俗務中；歐威爾害怕我們的文化被俘擄，赫胥黎害怕我們的文化變得煩瑣無聊，被感官刺激、欲望及幼稚的遊戲所占據。

赫胥黎的觀點是科技將導致被動，可以輕易消費令人心智麻木的娛樂和消遣終將腐化我們的民主，而這就是正在發生的情況。根據美國選舉計畫（United States Elections Project）網站指出，二〇一六年美國總統大選有九千八百萬合格選民拒絕履行權利，還有更高比例的千禧年世代放棄投票權。凱文・杜蘭（Kevin Drum）在《瓊斯夫人》（*Mother Jones*）的報導中指出：「一九六七年，最年輕和最年長的選民之間只有很小的差異。到了一九八七年，差距開始浮現，而到二〇一四年差距已變成鴻溝。」儘管我們抱怨科克兄弟以金錢毒害政治程序，但如果半數的美國選民認為投票只是浪費時間，就必須了解民主會失敗的原因。在赫胥黎的世界裡，沉迷藥物、耽溺「感官電影」（赫胥黎版的 IMAX 電影）、互動式遊戲及色情下載充斥在市民的生活中，他們沒有時間參與政治，甚至不會質疑天空為何會如此狹隘。參加 DigiTour 的孩子將可以輕易融入《美麗新世界》的情節，網際網路對於我們所有的「策劃自我」（self-curated）觀點，都有著驚人的能力，會讓我們迷失在瑣碎的追求、窄化選擇中，讓我們安全地躲在自己品味的碎裂區塊裡。搜尋引擎與推薦引擎不斷生成最流行的選項偏好，持續讓我們的感官變得更受限。

本章一開始，我就質疑科技是否奪走我們的一些人性。谷歌科技長宣稱，科技將「讓我們得以擁有超越生物性的軀體和大腦……在後奇點（post-Singularity）時代，人類與機器將不再有差別。」但是聰明的散文家馬克．格里夫（Mark Greif）指出：「每當你的質疑浮現，讓你開始自問：『在此刻，我們必須詢問自己，並**決定自己是誰**，我們的解方與救贖必須建立在對自身和人性的新認識上，這是我們根本的責任與新機會』時——快停止吧！」

這正是我的提議：讓我們停止，並且考慮對抗科技決定論的策略。任何歷史學家都會告訴你，革命往往會超越它們的目標，一七八九年的巴黎或一九二五年莫斯科的人民都會同意這個說法，數位革命也不例外。

1 編注：阿拉伯之春是二〇一一年在阿拉伯世界中掀起的一波重要民主革命，由二〇一〇年底發生於突尼西亞的一連串暴動所引起。在這起革命中，中產階級及網際網路扮演了十分重要的角色，其影響擴及週邊的其他國家。

2 編注：影集《廣告狂人》（*Mad Men*）的主要角色。《廣告狂人》的背景設定為美國五〇至六〇年代的一家廣告公司斯特林庫珀（Sterling Cooper），呈現出當時的社會風貌及時代變遷。

3 編注：影集《黑道家族》（The Sopranos）的核心角色，背景設定為義大利裔美籍黑幫家庭的生活，呈現美國主流社會與有色族裔以及黑幫之間的衝突。

4 編注：一種美國常見的零食。

| 第十二章 |

數位文藝復興

不忙著出生的人，必忙著死亡。

——巴布．狄倫（Bob Dylan）

如果網際網路一開始是去中間化和民主的，為什麼我們不能回到最初的原點？我不會幻想這是一件容易的事，或是我擁有正確的解方。我不是想要解決關於機器人與人工智慧是否將會製造沒有工作的世界這個更大的問題，因為那本身就值得寫一本書。我已經建議政策制訂者開始研究「全民基本收入」這個一視同仁地支持左派和右派的概念。我確實認為，輕忽軟體「吞噬世界」的反烏托邦可能性將是愚不可及，只因為一些科技樂觀論者不斷堅持舊工作將被我們還無法想像的新工作所取代，並不表示那會真的發生。

雖然谷歌 AlphaGo 的人工智慧系統打敗了世界最傑出的圍棋選手，但是我不擔心它會取代最好的音樂人、製片人及作家，儘管紐約大學的人工智慧實驗室已設計一個名叫班傑明（Benjamin）的編劇機器人，甚至即便你相信機器人將能取代大多數的工作，但麻省理工學院的安德魯・麥卡菲（Andrew McAfee）與艾瑞克・布林優夫森（Erik Brynjolfsson）已指出：「了解並解決快速科技進步帶來的社會挑戰，仍然是沒有機器能為我們代勞的任務。」當我自問身為人類代表什麼時，我想有同理心和有說故事的能力是很重要的區別，而我並不擔心這些技術會被人工智慧取代。偉大藝術家激勵人的能力，特別是驅使人思考和行動的能力，正是政治與文化改變的核心動力，它正是我們說故事給自己聽的原因。柏拉圖教導我們不應該期待藝術和人性被科學的目的所驅使或支配。事實上，人文教育長遠的任務中有一部分就是批判那些目標。

我在本書一開始寫到如凱伊這類的電腦科學家與藝術家合作，讓全錄 Alto 變成「賦予個人藝術創造力」的工具，但在往後的年代中，不知道為什麼，藝術家卻把前排座位讓給了程式設計師。因此，我們必須讓科技和創意社群再度攜手合作，重新建構網際網路。如果重新恢復伯納斯－李描述的全球資訊網願景，我想我們將會再度步上正軌。二○一四年，面對網際網路勢力非比尋常的大整併，伯納斯－李表達了對谷歌與臉書「近乎壟斷地位」的關切，他的期待是「藉由全球資訊網持續的『再去中間化』，我們將釋出下一代的科技、商業及社會創新者」。這有賴法律和商業的創新，以及我們把注意力轉向這類創新。

二

二○○一年八月，在聯邦準備銀行（Federal Reserve Bank）於懷俄明州傑克遜霍爾（Jackson Hole）舉行的年度研討會上，前財政部長桑默斯和加州大學經濟學家詹姆斯．布拉德福德．德榮（James Bradford DeLong），提出了一篇討論資訊經濟時代經濟政策的論文。他們先指出數位經濟學的基本事實：由於價格等於邊際成本，「資訊財流通的社會與邊際成本接近於零。」邊際成本表示每增加製造一個單位產品的成本，一旦一首歌進入 Spotify 的伺服器，增加銷售一次串流的成本是零。但是，其中存在著以下的矛盾：

> 如果資訊財以它們的製造邊際成本——零來流通，藉由銷售給消費者獲得收入來彌補固定整備成本的創業公司，就無法創造並生產產品。如果要創造並製造資訊財……公司就必須能被預期以某個利潤銷售產品給某個人。

在這種零邊際成本的經濟中，賺錢的唯一方法是蒐集使用者的消費者資料，並且賣給廣告主。在創意世界裡，製造高品質音樂、影片、書籍及遊戲的固定成本都未被納入這個等式中。音樂家、新聞記者、攝影師和製片人將如何在零邊際成本經濟中存活？媒體經濟如果要繼續存在，我們將必須找出處理桑默斯與德榮所指矛盾的方法。

如果零邊際成本是第一個經濟事實，「大數法則」就是第二個。在安能伯格創新實驗室裡，我們相信到二〇一八年將至少會有五十億個與網際網路連結的行動裝置。如果這是事實，而你能以每部一美元的價格銷售一部串流電影給百分之五的市場，將意味這部電影會有兩億五千萬美元的營收。這是大數法則。

想知道這種情況在其他市場會如何擴散，不妨跟我一起嘗試一個推論的小實驗。根據美國勞工統計局的數字，在一九九八年，二十五歲以下的美國人每年花在電影票、演唱會入場券及其他內容成本的娛樂支出為三百九十三美元（通膨調整後）。到了二〇一二年，這個數字降至每年兩百四十九美元，原因是YouTube、盜版網站和社群媒體提供的各種免費娛樂。再假設五十億行動裝置使用者中最富有的百分之十會花費與一九九八年的青少年一樣多的錢——每個月二十八美元，這表示每年會產生一千七百億美元的媒體收入。然後假設另外有百分之四十的行動顧客每個月花費十美元——基本上相當於Netflix帳戶的收費，又會產生每年兩千四百億美元收入。最後，假設最貧窮之百分之四十的使用者免費收看略微有限的內容，並以每個月觀看價值五美元的廣告作為交換，這又會產生每年額外的一千兩百億美元收入。加總起來，這意味一個媒體與娛樂經濟每年光從行動裝置就能創造五千五百六十億美元收入。由於所有來源的全球媒體與娛樂經濟只有一兆三千億美元，只要能想出確保內容創造者可以獲得同樣豐厚報酬的方法，就可以發現未來的前景是一片光明。

對媒體經濟來說，零邊際成本和大數法則（加上我前面提到關於廣告、內容高峰期及贏者全拿的概念）的影響極其深遠。我可以想像一個不超過四十家「線性」頻道的電視體系，其中大部分內容將包含直接運動賽事與新聞節目，其餘的頻寬將會提供給種類極其繁多的隨選互動網際網路影片內容，具備高效率的搜尋和偏好工具。幾乎所有現在被視為電視節目的內容都將以隨選方式供應，這意味著網際網路的壟斷事業也能控制電視。然而，這也引發一個更大的問題，就是在廣告供養谷歌和臉書的世界裡，網際網路影片內容將會如何獲得報酬？Kalkis研究公司對未來的線上廣告抱持令人憂懼的看法：

線上廣告市場已經飽和，沒有再成長的空間。傳統的廣告空間已過度擁擠，並開始萎縮，因為網際網路使用者開始使用廣告阻擋程式。

控制和規範付之闕如，一大部分的廣告支出正在被偷走，情況就是如此。顧客愈來愈清楚廣告詐欺的現象，每個新的詐欺醜聞，都提高顧客刪減線上廣告支出的風險。整個生態系正出現一夕之間從成長轉為衰退的危險，二〇〇〇年至二〇〇一年發生的狀況可能重演。

如果目前有兩億人使用廣告阻擋程式，電視和網路的界線也正在消融，我們就必須重新思考內容要如何訂價。全球資訊網發明者伯納斯－李有一個提議，他告訴《紐約時報》：「廣告營收是現在網路上太多人採用的唯一模式，人們假設今日的消費者必須與行銷機器達成『免費』取得東西的交易，即使他們對自己的資料被濫用感到十分驚恐。

我們要想像一個付錢買東西對雙方都很容易的世界。」伯納斯－李建議一種小額付款系統，讓你可以輕鬆地以十五美分的手機帳單，來購買一項內容。但是在這種系統發明前，我猜想最有效率的模式將是「看到飽」的訂閱模式，與現在你支付有線電視或電信公司的方式大同小異。基本上，電信公司會透過固定與行動寬頻提供這些服務。由於一切內容都會透過網際網路傳送，實體傳輸和電視基礎設施的成本將大幅下降，因此有更多的金錢可以流向內容創造。但是要讓這個構想行得通，目前的網際網路權力結構必須有所改革。

管理網際網路的基本法律在一九九八年通過，當時下載一部電影需要四小時、一首歌需要二十分鐘。那些法律在寬頻之前的時代可能有道理，但是今日已經沒有人能有效審查侵犯著作權，我們應從較為容易的法律改革著手，逐步解決較困難的問題。先從音樂產業著手也很合理，因為音樂產業是最先遭受數位革命重創的產業。曾長期與老鷹合唱團（The Eagles）合作的偉大音樂產業經理人歐文．阿佐夫（Irving Azoff）談到這個問題：

顯然，串流經濟學並未幫上創作者的忙，而我不認為當柯林頓總統簽署這項帶來安全港的數位千禧年著作權法時，有意讓科技公司像現在這樣躲藏在法案的背後。

音樂產業無人有足夠資源可以打對抗這些大科技公司的法律戰，最好的方法是改變法律。

谷歌、YouTube、推特及臉書躲藏在數位千禧年著作權法「安全港」條款後面，而阿佐夫建議必須改變這樣的情況。任何試著要將作品從侵權的網站撤除的人都知道這個問題，作品擁有者要先發出一則撤除通知，侵權的網站會暫時撤除檔案，然後使用者再用不同的網址重新上傳該檔案，這種貓捉老鼠的遊戲讓內容繼續在網路上流傳。根據目前的美國法律，這個程序完全合法，每一個盜版網站（及YouTube）都用這種方法避免遭到起訴。二〇一六年的頭十二週，谷歌接獲兩億一千三百萬個連結的撤除要求，比二〇一五年同期增加百分之一百二十五。修改的法律必須以文字規定，一旦發出撤除通知後，網站就有責任維持該內容的撤除狀態（部分提倡者稱為「撤除維持」規定）。谷歌抱怨在技術上難以做到，但是我們知道谷歌的自動工具可以辦得到。

谷歌和YouTube正思考未來內容創作者可能贏得戰役的時代，它們允許使用者上傳任何內容在YouTube，引用的理由是合理使用原則，也就是允許無須事先徵得權利擁有者同意即可有限度使用有著作權作品。你的地方電視台可以根據合理使用原則，播放另一家電視網播放的足球賽剪輯，但是當你上傳到YouTube上，即使是一整首歌的版本，且未勾選「我擁有本內容」的選項，只要勾選「合理使用」就可以上傳該內容。谷歌明白表示，將加強提供給使用者社群的法律支援，以便保護自己免於侵犯著作權的指控。

學界與仰賴引述使用小部分他人作品的人都很清楚，合理使用有實質的限制，不能完全引用內容並宣稱此為合理使用。音樂製作人可以利用YouTube已經採用的內容識別系統，但是很少人有能力處理每個以合理使用為由的撤除反訴。華納音樂集團（Warner Music Group, WMG）在一份申報著作權的資料中表示：「華納音樂集團估計，目前光是要有效影響（但不是完全禁絕）華納音樂集團被上傳到YouTube的二十五張最熱門專輯，就需要至少二十到三十個人手，每年全職處理的成本超過兩百萬美元，並且可能要額外僱用一家外部內容監視承包商。」

這種困境的解決方法十分簡單。國會圖書館（Library of Congress）應該公布一套指導原則，以決定合理使用的明確定義。在學界，這通常表示一段影片或錄音不能超過三十秒，且應該以某種轉換形式（如重新混音或改編）的情況下引用。南加州大學的說明十分清楚：

> 未授權的使用是否「轉換」取自有著作權作品的內容，並且使用的目的要有別於原作的目的，或只是為了與原作相同的目的與價值而重製該作品？

如果國會圖書館能公布合理使用的指導原則，當 YouTube 使用者上傳的影音作品（宣稱合理使用）內容識別被著作權擁有者阻擋，該片段將會被送到 YouTube 僱用的過濾人員處進行評估，與 YouTube 過濾色情和伊斯蘭國影片的方法相同。如果該片段不符合國會圖書館的指導原則，它將保持被阻擋的狀態。

我們必須處理的管理法規中，第二部分涉及負責規範網際網路廣告與資料蒐集的聯邦貿易委員會。由於谷歌和臉書的主要業務是廣告與資料蒐集，聯邦貿易委員會實際上是最重要的監管機構。過去聯邦貿易委員會曾檢查谷歌的廣告業務，並駁回部分消費者對控制百分之七十八搜尋廣告市場的谷歌所提出的收取壟斷租控告。聯邦貿易委員會的理由是，谷歌的 AdWords 以拍賣方式經營，因此無法設定較高的價格。但是正如谷歌自有的 AdWords 部落格指出，即使你是特定關鍵字的唯一競標者，「關鍵字的最低點擊成本（cost per click, CPC）與競標該關鍵字的競爭者人數無關」。必須達到由谷歌所設定的最低門檻，你的廣告才能刊登，因此谷歌顯然可以藉由設定最低標價收取壟斷租。

但是將使臉書和谷歌最為抗拒的，是資料蒐集方面的改變。聯邦貿易委員會迄今對這個主題保持完全緘默，與歐盟恰好形成對照。歐盟已提出個人對自己的數位資料擁有多大控制權的問題，包括從臉書上的照片，到谷歌儲存的網路搜尋和瀏覽習慣等資料，歐盟希望讓個人擁有刪除自己資料的權利，否則網際網路公司將儲存之，並藉由目標廣告牟利。由於谷歌會儲存你的所有搜尋紀錄、地點紀錄、採購資料、人口統計側寫、行事曆及聯絡人，所以合理的做法是聯邦貿易委員會應考慮設置標準選項，詢問你是否願意選擇分享資料。

此外，聯邦貿易委員會也必須調查廣告詐騙。以下是這個問題的嚴重程度：

- 高達百分之五十的出版業流量，是機器人活動——滿滿來自自動化電腦程式的假點擊。
- 機器人佔顯示廣告瀏覽次數的百分之十一，以及影片廣告瀏覽次數的百分之二十三。
- 二〇一七年數位廣告的收入將達到四百三十八億美元，其中六十三億美元將來自詐欺活動。

究竟是誰支付了六十三億美元的詐欺廣告費？廣告主先付了錢，然後把成本轉嫁給消費者。當然對谷歌和其他網際網路廣告交易平台來說，那不是它們的問題，而是已經內建於商業模式之中。但是和這個拼圖的每一部分一樣，要解決這個問題的方法相當簡單。如果一家像 White Ops 的公司能分辨機器人瀏覽與真人瀏覽，谷歌也能。我們之所以在安能伯格創新實驗室發現這一點，是因為發表了一篇報導，討論廣告交易平台寄發剩餘的廣告庫存給盜版網站要求「變現」。谷歌在被指名是犯行最嚴重業者的幾個月後，已經不再讓大多數這類廣告出現於這些網站上。

三

把壟斷視為美國資本主義典範的想法，攸關伯納斯－李的「再去中間化網路」願景能否真正實現。依我所見，博克認為反托拉斯問題唯一重要的利害關係人是消費者的觀念，違反美國人對大型企業扮演角色抱持的所有信念，包括從國家的基礎，到雷根的選舉。杜蘭在《瓊斯夫人》寫道：

> 如果我們想要一個更活絡強健的經濟，就應該停止保護大型且笨重的既有企業。我們主要的利益所在應該是確保經濟擁有許多競爭，而不是對消費者福祉做無謂的爭論——消費者福祉在本質上是一個模糊的概念，太容易被聰明的企業法律團隊操縱。要做到這一點，反托拉斯法必須恢復昔日較樸質的目標，就是避免公司變得太大與太具支配性。

顯然傑佛遜和麥迪遜相信控制壟斷的威脅對民主極其重要，因此「免於壟斷的自由」應被列入權利法案。而隨著工業革命後的企業權力日益坐大，二十世紀初的主要戰役就是拆解壟斷的信託事業，這是一場由共和黨的老羅斯福與威廉．霍華．塔夫脫（William Howard Taft），以及民主黨的威爾遜所發動的戰役。

同樣重要的是，我們發現資訊時代的「自然壟斷」（natural monopolies）往往是達成效率網路的合理方法。以下的照片是一八九五年紐約市街道的景觀，可以說明為什麼有時候自然壟斷是合理的。

顯然無法互用設備的電話和電報網路擴散是某種公地悲劇（tragedy of the commons），沒有任何一家公司能得到任何網路效應，這導致網路本身幾乎毫無用處。解決方法是 AT&T

▲ 上圖為一八九五年紐約市街道的景觀。不難看出自然壟斷的合理性。

〔當時稱為貝爾系統（Bell System）〕與西聯匯款（Western Union）兩家公司展開產業整併，買下所有小型業者，並形成一家自然壟斷事業。到一九二〇年代時，全美只有一家電話公司、一家電報公司，每戶住家只有一條通訊線路。當然，政府透過聯邦通訊委員會監管這些壟斷事業。貝爾系統的費率受到規範，並且必須花費固定比例的壟斷獲利，在能讓整體社會受益的研究與發展。

在一九二五年，AT&T 設立了獨立子公司貝爾實驗室（Bell Labs），目標不只是發展下一代通訊技術，也進行物理學和其他科學的基礎研究。在之後的五十年間，貝爾實驗室發明出電晶體、微晶片、太陽能電池、微波發射機、雷射及行動電訊，以及無數現在司空見慣的東西。貝爾實驗室的科學家中，共有八人曾獲諾貝爾獎，是歷史上最具生產力的研究機構，事實上數位時代的大部分成就均奠基於它的發明。在一九五六年的合意判決中，美國司法部允許 AT&T 維持電話獨占，這代表政府做出重大讓步。正如喬恩．葛特納（Jon Gertner）在著作《創意工廠：貝爾實驗室和美國發明的大時代》（*The Idea Factory: Bell Labs and the Great Age of American Innovation*）中解釋道：「電話公司同意授權現在和未來的美國專利給所有的美國電器公司，『不限它們利用的時間與用途』。」所有過去的專利授權都不收取權利金，未來的專利授權也只會收取少許費用。政府同意這項交易是因為把電話系統視為公用事業。

AT&T的矯正做法是否可能適用在名為谷歌的自然壟斷？首先，讓我們解決「公共公用事業」的定義問題。谷歌提供的服務是否變成市場極其重要的核心部分，以致其已進入公用事業的領域？陳卓光法官在作家公會（Authors Guild）控告谷歌將三萬本書數位化的案件中表示，這項服務提供「重大的公共利益」，雖然谷歌是唯一從中獲利的公司。因此，假設有人主張谷歌是一家壟斷事業，必須達成一項合意判決，那麼貝爾實驗室的模式是否行得通？

如果谷歌被要求以象徵性的費用授權所有專利給任何想利用的美國公司，將必須授權搜尋運算法、安卓專利、自動駕駛汽車專利、智慧溫控專利、廣告交易平台專利、谷歌地圖專利、谷歌即時資訊（Google Now）專利、虛擬實境專利等數千項專利。貝爾實驗室模式已證明這種解決方案實際上對整體創新發明有利，電晶體專利的免費授權，促成了德州儀器（Texas Instruments）、快捷半導體（Fairchild Semiconductor）及英特爾的崛起；行動電話專利讓摩托羅拉（Motorola）得以快速崛起，也讓谷歌為了獲其專利而加以收購；衛星專利創造一個有著眾多業者的全新產業；而今日蓬勃發展的太陽能產業也要歸功於它初始的太陽能電池專利。

這種授權計畫看起來將完全符合谷歌宣示的「不作惡」企業哲學，並且將孕育更多的新公司。不過，谷歌的專利使用往往踰越這個原則。二〇一二年聯邦貿易委員會譴責谷歌嘗試阻擋美國進口微軟與蘋果製造的智慧型手機，宣稱這些仰賴產業標準技術的裝置侵害谷歌旗下摩托羅拉行動（Motorola Mobility）單位擁有的專利。美國反托拉斯學會（American Antitrust Institute）會長伯特・弗爾（Bert Foer）表示：「反托拉斯監管當局逐漸採取嚴格的態度，是因為發現不遵守基本專利承諾的情況，必須比過去更加嚴格地看待。」當然，我提議若是要採取有效的矯正對策，部分政府機構將必須展開對谷歌的反托拉斯案。正如我已指出的，谷歌採用的監管劫持策略，似乎比過去數十年的每一家公司都還要成功。在二〇一六年大選後，這種情況是否會改變尚難預料，但是谷歌反托拉斯案可能必須由州檢察長提出，而非由聯邦政府，因為聯邦政府似乎已完全接受博克的反托拉斯理論了。

四

數位未來還有一個可能會發生問題的面向，就是寬頻市場——連結我們到網際網路的管線缺少競爭。合併最大與第二大寬頻供應商「康卡斯特和時代華納有線（Time Warner Cable）」的提議雖然已經遭到聯邦通訊委員會否決，但卻引發百分之四十的美國高速寬頻網路被一家供應商控制的疑慮。康卡斯特宣稱兩家公司各自在服務的寬頻市場以準壟斷方式營運，所以對個人消費者來說，合併並不會改變競爭的環境。雖然寬頻的雙頭寡占（一家有線供應商與一家電信公司）在大多數主要市場是標準模式，但這不應該是可喜的現象。這種情況意味美國的寬頻服務速度比世界上大多數的已開發國家來得慢，費率也較高。美國在採用光纖技術上也落後二十一個國家，如下圖所示。

從二〇一三年以來，我們在安能伯格創新實驗室就有機會看到真正的快速寬頻風貌，而且不必飛到南韓首爾就能體驗未來。我們到田納西州查塔努加（Chattanooga）以每秒一個十億位元（Gb）的EPB光纖測試應用程式。EPB代表查塔努加電力委員會（Electric

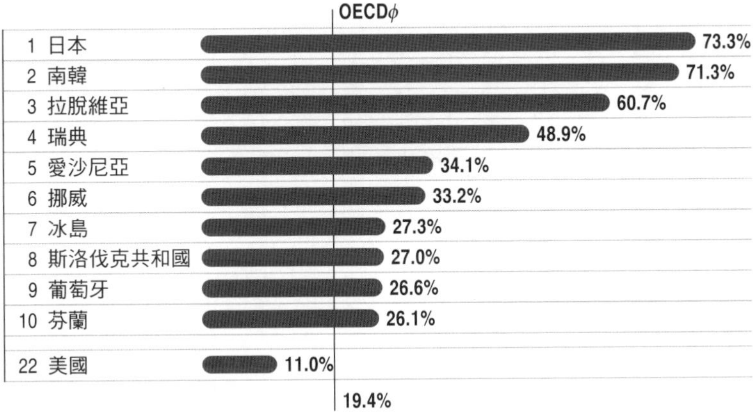

圖表一：光纖採用率

光纖連線佔總寬頻用戶比例（截至2015年12月）

資料來源：經濟合作暨發展組織。

* 光纖用戶包括光纖到府（Fiber To The Home, FTTH）、光纖到房屋（Fiber To The Premise, FTTP）及光纖到大樓（Fiber To The Building, FTTB），不包括光纖到街角（Fiber To The Curb, FTTC）。

Power Board），這是一家市政府擁有的公用事業，正籌建每秒十個十億位元的服務。電力委員會的故事為我們指引一個可能不必再擔憂寬頻雙頭寡占的未來。

幾年前，福斯汽車（Volkswagen）的代表告訴查塔努加的父老，該公司想在這裡興建一間高科技汽車廠。但有一個問題：該市位於龍捲風走廊的中間，每年都因為大龍捲風侵襲而停電好幾次。由於這間工廠將採用大量的機器人，停電會是一大問題。因此，電力委員會承諾興建智慧電網，以便當一棵被捲起的樹打斷福林街的電線時，就只有福林街會停電，因為智慧電網的電力輸送會自動繞過發生問題的地點。

因此電力委員會興建好智慧電網，福斯汽車也興建了工廠，而且這間工廠未曾發生任何停電事件。然而，電力委員會把光纖纜線鋪設在市區的每一根街燈柱後，發現這些街燈柱距離該公司可以出售寬頻服務的住宅都不到一百呎，而且這樣的住宅至少有五萬戶。當地的既有業者康卡斯特嘗試控告電力委員會，並在田納西州議會加以阻撓。當電力委員會開始在查塔努加廣告「查塔努加最快的寬頻服務」時，康卡斯特寄送警告函給電力委員會，並表示它的網路可以提供每秒一百個百萬位元（Mb）的服務，只要上網的人數只有一個人。因此，電力委員會提高服務速度到每秒一個十億位元，才讓康卡斯特不再寄發警告函。現在電力委員會正以每個月七十美元的收費方案搶攻市場，消費者可以享受一個十億位元的寬頻速度外加收看電視頻道的服務，康卡斯特則因為只有老舊的有線寬頻產品，而流失市場佔有率。

為什麼這個故事對美國的科技未來會很重要？因為它象徵真正的競爭在寬頻市場被點燃時，可能會發生的情況。在二〇一四年初，聯邦通訊委員會新任主席湯姆．惠勒（Tom Wheeler）在聯邦法院針對網路中立性（network neutrality）作出判決後，發表了一項「開放網際網路」原則聲明。他在提升競爭的段落裡寫道：「顯然會受到審慎檢驗的項目之一是法律限制城鎮在社區提供寬頻服務給消費者的能力。」在聯邦法院威訊訴聯邦通訊委員會的案件中，勞倫斯．西爾博曼（Laurence Silberman）法官表示，聯邦通訊委員會的首要責任，是促進競爭與去除基礎設施投資的障礙，而這些障礙向來是由舊有線公司和電信公司及其遊說者所設置，他們已經說服二十個州議會通過限制市政府進入寬頻市場的法案。西爾博曼法官形容，這些法律提供「經濟偏袒具有強大政治影響力的選民，而這些實際上是典型尋租者的選民，希望獲得免於市場力量干擾的保護。」

因此，鬥志旺盛的電力委員會提議擴大光纖服務到鄰近的郡市，但是AT&T促使其在田納西州議會的說客通過一項法律，規定市政府擁有的公用事業不能與AT&T和康卡斯特競爭提供寬頻服務。令人大感吃驚的是，聯邦通訊委員會竟然同意電力委員會的提議，並且發出優先命令禁止田納西議會阻止電力委員會。接著，當然是田納西州檢察長控告了聯邦通訊委員會，聯邦通訊委員會和電力委員會在聯邦地方法院輸掉第一回合的官司。我猜想這場戰役會持續好一陣子，因為壟斷者痛恨一座小城市竟然可以自己興建網路。

但是身為曾在五年間七度造訪查塔努加的加州觀察者，我看到的是真正快速的寬頻能為一座城市帶來多大的轉變。查塔努加是受到全球化衝擊的南方城市之一，布魯金斯研究所（Brookings Institution）的報告指出：「擁有四通八達鐵路與河道的查塔努加曾是『南方發電機』，是位居南方心臟地帶的熱鬧中型工業城。一九四〇年，查塔努加的人口集中於活絡的市中心，是美國最大的城市之一。不過，短短五十年後，它卻深陷衰退之中，製造業工作持續出走。」我在二〇一〇年首度造訪查塔努加時，電力委員會剛把光纖技術用於市區網路，市中心區還處處可見空蕩蕩的工廠建築。到了二〇一六年，充滿活力的科技社群已進駐許多有著開放辦公室空間，提供新創公司使用的建築。音樂和電影社群也在這裡蓬勃發展，市中心的夜生活日漸活躍，酒吧與餐廳營業到很晚，賓客盈門。除了食物和音樂明顯的南方味以外，你會以為自己置身在布魯克林。二〇一二年的一項戶外音樂節裡，安能伯格創新實驗室透過兩千哩的光纖纜線，製作了一場虛擬鄉村音樂二重奏，T－本恩．本內特（T Bone Burnett）在我的南加州大學工作室演唱，而查克．邁德（Chuck Mead）則在查塔努加的現場舞台上演出。

五

查塔努加發生的事件涉及去中間化概念的核心，也是全球資訊網初始願景的中心理念。在金權控制政府導致華盛頓政治運作陷入癱瘓之際，由州級和市級行政區進行建設性實驗是恰當的做法。天主教會提出一個稱為輔助性（subsidiarity）的概念，依據《牛津英語字典》（*Oxford English Dictionary*）的解釋為：「中央權威機構應有一種輔助機能，專責執行在較直接層級或地方層級無法有效執行的任務。」尤瓦爾・萊文（Yuval Levin）在《分崩離析的共和黨：在個人主義時代更新美國的社會契約》（*The Fractured Republic: Renewing America's Social Contract in the Age of Individualism*）一書中，解釋了輔助性的理論基礎：

> 確立輔助性共識將提供我們一個方法，以思考如何共同解決發生在鄰區、教會、學校及社區的問題，並且建立規制。那意味著建立更能符合各地區美國人需求的政治體系和政府，以便更能適應國家當前面對的不同規模與類別的問題，更適時適地協助我們在儘可能接近發生的地點找到解決辦法，然後利用我們現代的去中間化網路架構，以教導並向他人學習處理類似的問題，同時也更能重新振興我們的公民文化。

這種「全球思維、地方行動」策略的成果之一，可從「合作社」的概念中找到。合作社的定義是一家共有的企業，由會員營運以追求會員間的共同利益，從事產品的生產或流通或提供服務。我認為合作社是創意工作製作人能共同以公平價格使內容流通的理想方法。

回顧一下美國最著名的生產合作社歷史——香吉士果農公司（Sunkist Growers Inc.）。香吉士是一家行銷與流通合作社，由四千家加州與亞利桑納州的柳橙農戶組成。它由果農自有和管理，二〇一三年的總營收達到十一億美元。這家合作社於一八九〇年代於加州成立，讓柳橙果農得以運用集體的力量。在合作社成立前，由包裝公司業主、流通商、代理商及投機客——中間人支配市場，果農在控制這個產業的影響力遠遠不及其他業者，當時他們都是小規模的獨立農戶，種植面積只有五、十及十五英畝，欠缺有效配銷其農產品的組織與技能，議價的地位低落到每一批收成都蒙受虧損，而中間人卻能坐收高利。一八九三年，他們組成南加州果農交易所（Southern California Fruit Growers Exchange），藉由規範出貨和直接運送水果到需求最大的地方，該交易所立刻為果農帶來財務利益。到第一季結束時，果農實現了每箱柳橙平均約一美元的淨利，遠遠高於前一季每箱只賺二十美分的報酬。十年內這家合作社就與加州約半數的果農簽約。

一九〇八年，該合作社登記「香吉士」的商標，不久後開始把商標印在所有的水果上，創造第一個有品牌的農產品。這家合作社的實力強大到在經濟大蕭條期間價格暴跌時，還能授信給會員，使得只有極少數果農必須變賣農場。第二次世界大戰期間，對含維生素C預防壞血病的包裝果汁需求，也為香吉士帶來持續多年的高度成長。

我會舉香吉士的例子是因為許多今日的音樂家與製片人處境，和一八九〇年代的柳橙果農十分類似，他們是產品的主要生產者，但卻沒有多大的影響力，以致在供應鏈中的地位無足輕重。有關零邊際成本數位流通系統很驚人的一件事是，我們忘記藝術家可以組成非營利的流通合作社，以便保留遠遠高於現在水準的收入比例。YouTube 僅經營基礎設施而賺進其網站廣告營收的百分之四十五，無須負擔生產或行銷成本；經營基礎設施的成本最高也只佔目前營收的約百分之五，因此其餘的營收都是純利潤。如果藝術家以非營利合作社的形式經營一個影片與音樂串流網站（也許採用部分免費的谷歌專利技術），情況會是如何？讓我們假設他們會讓合作社保留百分之十的營收（包括來自廣告或訂閱的收入），以便經營基礎設施和支應一般行銷所需的經費，藝術家將獲得其餘的百分之九十。然後就像 Netflix 的做法，合作社可以向亞馬遜、微軟或 IBM 租用全球性的雲端服務。我發現這個系統可能必須從音樂產業著手，因為音樂的製作成本相當低，而且大多數藝術家擁有製作音樂所需的數位工具。不過，如果你知道每年有超過一千部獨立融資的劇情電影，在沒有發行承諾的保障下製作出來，就不難想見設立電影發行合作社也有其必要。

香吉士的模式能否適用於藝術領域？事實上，這已經是進行式。馬格蘭攝影通訊社（Magnum Photos）由羅伯特・卡帕（Robert Capa）、亨利・卡地亞－布列松（Henri Cartier-Bresson）及十名自由工作攝影師創立於第二次世界大戰末。馬格蘭攝影通訊社的官方史敘述了它的故事：

> 它以合作社的形式成立，包括瑪麗亞・艾思納（Maria Eisner）和莉塔・范迪弗特（Rita Vandivert）兩位共同創辦人在內的員工負責支援攝影師，而非指揮他們。著作權由影像作者擁有，而非出版該作品的雜誌，這表示攝影師可以決定報導某地的饑荒、在《生活》（*Life*）雜誌發表那些照片，然後通訊社可以出售照片給其他國家的雜誌，例如，*Paris Match* 和 *Pictures Post*，並且支援攝影師從事特別感興趣，而非被指派的專案。

七十年後，馬格蘭攝影通訊社仍然欣欣向榮，讓旗下的藝術家控制自己的工作，追求他們的熱情，這對創意工作者是極重要的事。另外，新聞產業網絡 Deca 則描述自己是「一個獨立新聞記者的全球網絡，成員包括普立茲獎（Pulitzer Prize）、波克獎（Polk Award）、美國筆會獎（PEN Award）及國家雜誌獎（National Magazine Award）的得主和決選人，每年集會討論一個備受矚目的重大議題」。

在布魯克林，一個剛成立的製片人合作社被命名為 SRSLY（「Seriously」的縮寫），專注於支持女性製片人和女性主義內容，並已開始製作重要的作品。共同創辦人之一的卡洛林．康拉德（Caroline Conrad）告訴《布魯克林雜誌》（*Brooklyn Magazine*）：「我們最大的動機之一是提供年輕女性製片人教導與指引，遺憾的是獲得的支持極少。從事電影製作的女性往往把同行視為競爭者，而非協作者。」在一篇討論集體音樂團體 Odd Future 和 ASAP Mob 的文章中，《紐約時報》寫道：「老一代長期視為理所當然的個人成功原則已經漸漸不流行了，在數位化使一切事物都可點對點的趨勢下，從工作到生活的各方面，新一代的藝術家與創業家都正在創造共存共榮的新典範。」

和馬格蘭攝影通訊社一樣，這些合作社不要求藝術家放棄其他的流通管道，而是協助他們利用一系列流通窗口以便獲得更高的報酬，意謂著透過中間人的機會將會減少。這個模式以 Bandcamp 的形式存在於音樂產業中。《紐約時報》樂評家班．拉特利夫（Ben Ratliff）解釋道：

Bandcamp 公司以公平對待藝術家著稱，是我們這個時代最大的地下文化市集。你可以串流藝術家允許的音樂，或是以藝術家訂定的價格購買歌曲——有時候則是「隨你高興付錢」，或者從網站訂購實體產品。藝術家可以分得百分之八十五的款項。通常藝術家可以知道購買的人是誰，沒有第三方從中阻隔。網站也有一個社群媒體應用程式，讓消費者知道其他人正在購買什麼，以及他們過去購買什麼。這很重要：你可以比較其他人的品味，你雖然不認識這些人，但卻可能逐漸信任他們。

我們可以想像未來的藝術家會先透過像 Bandcamp 的網站首次發行作品給樂迷，賺得百分之八十五的訂閱收入；三週後的二次發行將會是 Apple Music 和 Spotify Premium，藝術家可能從中獲得百分之七十的訂閱收入；再過了四週後的三次發行將會透過廣告贊助的串流服務，如 Spotify 與 YouTube，而我已經說過藝術家從這裡獲得的收入比例可能會低上很多。如果採用這種做法，想要立刻聽到音樂的樂迷所支付的金額，將多於可以等上七週再聆賞唱片的一般樂迷。泰勒絲和愛黛兒（Adele）都已成功地採用這種窗口策略，其他多數的藝術家沒有理由不能這麼做，除非是一些唱片公司阻止旗下的熱門唱片在廣告贊助串流服務上發行，Spotify 和谷歌（谷歌管理 Spotify 服務，而且似乎對其方向有一些決定權）都已揚言將向反托拉斯當局申訴。

這引發傳統唱片公司在合作社的生態系中，將扮演何種角色的問題，我的想法是我們最後將演進形成某種平行宇宙，傳統唱片公司將負責藝術家的開發與風險整合，但是僅限於某些類別的藝術家。其他加入合作社的藝術家最後將像馬格蘭攝影通訊社的會員那樣，能製作自己的作品，亦可經營自己的媒體促銷並籌辦巡迴表演。知名度高的藝術家可能不需要唱片公司，許多新獨立藝術家可能不想和唱片公司簽約。但是介於兩者之間，可能仍會有許多藝術家與傳統唱片公司簽約。在理想世界裡，這種去中間化的藝術家合作社基礎結構可能會重新帶來一些地區性差異，而地區性差異在我初次與巴布・狄倫和樂隊合唱團的巡迴演唱時似乎很重要。當時，聖安東尼奧（Santonio）的音樂就與奧斯汀（Austin）很不一樣，紐奧良又和孟菲斯（Memphis）有所差異，芝加哥的節奏藍調（R&B）聽起來與底特律的味道不同，而洛杉磯的曲風也有別於舊金山。雖然嘻哈有地區性的風格，但是今日大多數的音樂已失去地區性，我希望它捲土重來。

六

最後，為了創造新的美國文藝復興，我們需要真正優質的公共媒體系統。我想像一家資金來源無虞的電視、廣播及網際網路服務公司，能整合三種平台的所有內容和報導。現在我能舉出的最好例子是英國廣播公司（British Broadcasting Corporation, BBC），所有英國家庭每年支出一筆很少的費用來資助這套系統。在美國，我們可以藉由幾種方法籌募這筆資金，像是課徵由傳播業者使用公共頻道所支付的頻譜稅；對廣告營收課徵輕稅，可輕鬆用以支應公共媒體的無廣告節目；或是出售大部分由美國公共電視（Public Broadcasting Service, PBS）地方電台控制的頻譜，並且把錢用於設立製作信託公司，其收益將足以支應每年的製作開銷。

成立一套公共媒體系統的關鍵在於平衡地方與全球，我認為國家公共廣播電台拿捏這種平衡恰到好處。今日國家公共廣播電台的廣播節目有三千六百六十萬名聽眾，它的全球資訊網內容有三千三百二十萬名收看者。聖塔莫尼卡（Santa Monica）的國家公共廣播電台地方電台——KCRW就是這種地方－全球策略的好範例。除了播放國家公共廣播電台、美國公共媒體（American Public Media）及國際公共廣播電台（Public Radio International）的全國節目外，KCRW還製作四個每日節目、八個每週節目和二十八個播客（podcast）節目，內容涵蓋採訪報導、政治、娛樂、音樂、影片、食物、文學、設計、建築與故事，全都由每年兩千兩百萬美元的預算支應。它已成為我持續的音樂教育來源，也是我學習更多關於地方食物、藝術和文化的方法，比我可以找到的任何其他來源都還要好，包括《洛杉磯時報》。

不過，儘管國家公共廣播電台經營得有聲有色，但公共電視台卻是一團糟。美國公共電視有三百五十個電視台，而像國家廣播公司這樣的電視網，旗下則只有兩百二十個單位。這一點很重要，因為政府每年資助公共電視公司的經費會分配給地方電視台，而非用於製作全國性節目。美國公共電視不僅苦於節目製作經費的缺乏，而且全國性的節目時間安排也缺少創新。美國公共電視的知名節目——*Masterpiece*、*Frontline*、*Nova* 及 *PBS NewsHour* 都已持續製播至少二十五年，連《芝麻街》都投靠了 HBO，成為 HBO 的重點首輪內容。美國公共電視過去十五年來，並未製作一檔成功的新系列節目。

美國公共電視需要大幅縮減資助的電視台數量，也許每州都和佛蒙特州一樣，只有一家公共電視台的模式的做法是未來方向。由於百分之九十的電視觀眾是透過電纜或衛星收看節目，因此可以輕易在全州各地設置中繼傳輸塔，以接觸仍在使用天線的州民。如果美國公共電視縮減電視台數量，並利用來自出售頻譜和政府撥款的錢來製作節目，我們將真正擁有美國廣告贊助電視之外的替代選項。投資節目製作的策略在英國已被證明有效，數據顯示沒有廣告的英國廣播公司電視網，在二〇一五年四月到六月的每週接觸率，高達全英國觀眾的百分之七十八・八，該電視網的觀眾平均每週花費九個半小時收看節目。無庸贅言，英國廣播公司大部分的節目製作投資最後都成為美國公共電視最受歡迎的節目。

英國廣播公司的模式之所以會引起我的興趣，是因為我們的媒體系統需要擺脫廣告的掌控。廣告主有一種避免爭議的自然傾向，因為尖銳的藝術對飲料的促銷沒有幫助。但是藝術的進步故事全都屬於尖銳的題材，想像巴勃羅·畢卡索（Pablo Picasso）得說服保樂公司（Pernod）的主管支持他最早的立體派繪畫，或是一名芝加哥的可口可樂（Coca-Cola）行銷人員在聽完路易斯·阿姆斯壯突破性的《西端藍調》（*West End Blues*）後，想的是「它能不能幫助汽水的銷售」？我想，我們時代的廣告成長象徵資本主義的重大危機。我在本書前面寫到大停滯，也就是從一九七〇年代初開始，雖然生產力大幅提高，但薪資中位數仍停止提升的時期。面對這樣的薪資停滯，企業必須在行銷上花費更多金錢，以吸引消費者繼續購買。當你沿著超級市場走道漫步，挑選無數種類的清潔劑時，基本上所有產品的成分都相同，唯一區別的因素就是行銷手法。汰漬（Tide）比Surf更能洗淨我的襯衫嗎？大多數清潔劑品牌的背後只有兩家公司，即寶僑（Procter & Gamble）與聯合利華（Unilever），它們每年在廣告上各自花費八十億美元。

隨著這種停滯不可思議地持續，侵入性「行為行銷」（behavioral marketing）的必要性也隨之增加，而網際網路則是大多數這類行銷的管道，無論是對需求面和供給面而言。在供給面是持續不斷監視數十億支智慧型手機上的資料，需求面則是廣告主有著貪得無厭的需求，要傳送能辨識你的時間、心情、裝置及地理位置的訊息。經濟學家約翰·肯尼斯·高伯瑞（John Kenneth Galbraith）早在一九五〇年代中期就預測，未來將是「我們無法再假設福祉在各方面都較高階的生產會比在較低階的生產來得大……較高階的生產只是因為有著較高階的需求創造，帶來需要較高階的需求滿足。」高伯瑞的理論完全切中現代廣告的目標：為我們不知道自己需要的產品創造需求。美國中產階級正處於類似轉輪上倉鼠的狀態，就是跑得愈來愈快，但是與鄰居相比卻沒有進步。高伯瑞絕對無法想像，臉書的需求創造放在我們無法忽視的行動裝置上產生的效果會有多大。

當我在大蘇爾的新卡默達利修道院，閱讀恩斯特·弗里德里希·舒馬克（Ernst Friedrich Schumacher）的著作《小即是美：以人為念的經濟學》（*Small Is Beautiful: Economics as if People Mattered*）時，我正思考智慧型手機究竟是解放了我們，或只是讓我們對更多的消費上癮時，有一個段落吸引了我的注意：

> 現代西方經濟學家習慣以每年的消費量來衡量「生活水準」，他們始終假設消費愈多的人會比消費愈少的人「生活得更好」。一個佛教徒經濟學家會認為這種方法過於非理性，因為消費只是人類幸福的一種手段，目標應該是以最少的消費獲得最大的幸福。

而谷歌、亞馬遜及臉書的商業模式，都建立在它們掌握正確的配方，以持續刺激我們渴望的消費上，這可能並不是美國的福音，但是對谷歌、亞馬遜和臉書卻大有好處。

後記

我了解自己可能因為以柯波拉與 PewDiePie 進行對照，而被指控為菁英主義者。我認罪，但部分原因是我很自豪把自己職涯的前三十年用在製作音樂、電影及電視上，我熱切希望看到那些傳統的延續，我也希望消費這種媒體，不想錯失了解藝術家對我們的文化有什麼看法的機會。藝術如何沿續的這個問題，對我意義重大，而且我想對你也一樣重要。我知道自己子女的同儕創造許多令人讚嘆的音樂、影片、報導及電視節目。事實上，我的女兒正在製作很棒的電影，如《無境之獸》（*Beasts of No Nation*）和《性福拉警報》（*The Kids Are All Right*），但是我也知道她在取得每部電影的融資上無比艱辛。因此，如果數位革命貶抑了創作藝術家在社會上的角色，我們不應該只是得過且過。我經常針對這個主題向音樂人、書籍出版商、製片人與作家演講，但卻經常獲得我稱為斯德哥爾摩症候群的反應：「本來就得如此，不是嗎？我們不是就要認命與谷歌、臉書和亞馬遜配合嗎？」聽眾似乎只知道重複科技決定論的說法，接受只有一種了解這個問題的方法。

我想如果我們以誠實、懷抱著歷史感，並且決心保護我們都同意很重要文化傳承的態度，來面對網際網路壟斷化的問題，就能促成巨大的改變。我們都需要網際網路提供的資訊管道，但是必須能與朋友分享關於自己的資訊，而不必在不知情的情況下支援一家企業的獲利。臉書和谷歌必須願意改變商業模式來保護我們的隱私，並且協助成千上萬的藝術家創造可傳承數百年的永續文化，而不只是促使少數幾位軟體設計師成為億萬富豪。我們也必須了解，谷歌、臉書及亞馬遜的經營者才剛開始進行一項改變我們世界的長期計畫，哈拉瑞稱這項計畫為資料主義（Dataism）：

> 資料主義者進一步相信，只要有足夠的生物測定資料（biometric data）和電算力，這套涵蓋一切的系統就能了解人類勝過我們對自己的了解。一旦實現，人類將會喪失權威，人道的實踐如民主選舉將會變成像祈雨舞與燧石刀一樣過時。

我們必須現在就挺身面對這種科技決定論，同時帶著真正堅定的決心，以免一切都太遲。我懷抱著樂觀與謙遜追求實現這些解決方法，樂觀是因為我相信搖滾樂、書籍及電影顛覆世界的力量。正如作家童妮．摩里森（Toni Morrison）指出：「藝術的歷史，不管是音樂、寫作或是任何你創作的東西，向來充滿血腥，因為獨裁者和掌政者與想要控制和欺騙的人很清楚誰會擾亂他們的計畫。那些人就是藝術家，他們是歌誦真理的人，而那是社會必須加以保護的。」我知道勇敢而熱情的藝術值得保護，而且它們也不只是全球廣告壟斷事業的點擊誘餌。

親眼看見巴布．狄倫在一九六五年紐波特民謠音樂節上彈奏電子吉他，確實讓我這個原本想要當律師的普林斯頓新鮮人轉變成搖滾馬戲團的追隨者，並且設法靠娛樂產業過著不錯的生活。我的樂觀也在一九九六年協助創立最早的串流隨選視訊服務公司之一時展露無遺，任何人要是瘋狂到在一九九六年創立一家需要寬頻的服務公司，都是樂觀主義者。我的樂觀帶來謙遜，因為寬頻的普及比我當年預期得緩慢許多；我知道預測未來的人必須懂得謙遜。

我知道許多和我同一世代的人有一種烏托邦的衝動（不難看出它有別於理想主義），但是它正像短期記憶一樣逐漸消退。我覺得自己必須再度引述金恩博士的話，他在被暗殺的前一夜說：「我可能不會跟你一起到達那裡，但我相信應許之地。」我的世代知道要邁向更好社會的道路將會很漫長，但是希望我們的子孫可以住在那片土地上，即使我們無法和他們一起到達那裡。重建一個永續的文化可能會需要比我們想像更長的時間，如果我要預測未來，希望可以看到伯納斯－李「再去中間化」的網際網路夢想實現，那將是一個較不依賴監視行銷，並且能容許創意藝術家透過各種非營利的流通合作社，善用全球資訊網的零邊際成本經濟學的網路世界。我不幻想既有的文化行銷商業結構會消失，但是希望我們可以建立平行結構來造福所有的創作者。這個理想要實現的唯一方法就是，在提爾的「政治與科技的殊死競賽」中，人們的聲音（政治）將必須勝出。谷歌、亞馬遜及臉書看起來可能像是仁慈的富豪統治者，但是富豪統治的時代已經結束了。

謝詞

本書源自我在二〇一五年夏季阿斯彭思想節（Aspen Ideas Festival）的一次演講。感謝華特・艾薩克森（Walter Isaacson）、查理・佛斯通（Charlie Firestone）、凱娣・布恩（Kitty Boone）及約翰・西利・布朗（John Seely Brown）讓本書的出版成為可能。感謝我的經理人西蒙・利普斯卡（Simon Lipskar）鼓勵我將它寫成一本書，並介紹我認識利特爾布朗公司（Little Brown and Company）的凡妮莎・莫伯利（Vanessa Mobley），她對本書構想的實現居功厥偉，讓我深表感激。

本書大部分的內容，是我擔任南加州大學安能伯格傳播與新聞學院教授期間寫成的，我很幸運能在兩位傑出的院長傑佛瑞・科萬（Geoffrey Cowan）和厄尼斯特・威爾森（Ernest Wilson）領導下工作，也很幸運在初進南加州大學時，正值曼紐爾・卡斯特（Manuel Castells）升任為教授，他指導我認識網路的力量，他的研究提供源源不絕的資訊。威爾森院長展現了支持我主持安能伯格創新實驗室長達六年的勇氣。我在實驗室與眾多才華洋溢的有識之士共事，如亨利・詹金斯（Henry Jenkins）、法蘭寇斯・巴（Francois Bar）、加布里埃爾・卡恩（Gabriel Kahn）、伊莉莎白・庫里德－哈克特（Elizabeth Currid-Halkett）及羅伯特・赫南德茲（Robert Hernandez）。在管理實驗室的人員——艾林・瑞里（Erin Reilly）、瑞秋・梅樂蒂（Rachelle Meredith）、蘇菲・馬德（Sophie Madej）和埃尼諾・馬哈帕特拉（Aninoy Mahapatra）的協助下，每個計畫都是一項探險，我所能教導他們的，遠不及我所從中學到的。

我在文化製作的經驗一向是在電影、電視及音樂產業，因此班恩・艾倫（Ben Allen）和芭芭拉・克拉克（Barbara Clark）在錯綜複雜的書籍製作上提供許多寶貴的指導，莎賓娜・克拉韓（Sabrina Callahan）與羅倫・帕瑟（Lauren Passell）也在這方面提供寶貴的協助。

在為藝術家的權利而戰上，我深受同僚本內特T・彭恩・本內特（T-Bone Burnett）、大衛・拉沃里（David Lowery）、布萊恩・麥克內利斯（Brian McNelis）、克里斯・凱瑟（Chris Castle）及傑佛瑞・巴克斯（Jeffrey Boxer）的啟發，我們都深知這是一場對抗極強大勢力的長期抗戰，但卻沒有人放棄希望。

最後，我深深感激妻子瑪姬（Maggie Smith），和我們的兒女丹妮拉（Daniela）、尼克（Nick）和碧莉絲（Blythe），你們的人生一直是我的靈感來源，你們的愛是我的基石。

- Lawrence Summers and J. Bradford DeLong, "The 'New Economy': Background, Historical Perspective, Questions, and Speculations," Federal Reserve Bank of Kansas City, August 2001, www.kansascityfed.org/publicat/sympos/2001/papers/S02delo.pdf.
- 華納音樂集團控告 Registrar of Copyrights 的資料可以在 www.regulations.gov/document?D=COLC-2015-0013-86022 找到。
- Number of ad blockers downloaded worldwide: www.statista.com/statistics/435252/adblock-users-worldwide/。
- National Association of Advertisers and White Ops, "The Bot Baseline Report," September 30, 2015, www.whiteops.com/bot-baseline.
- Jon Gertner, *The Idea Factory: Bell Labs and the Great Age of American Innovation* (New York: Penguin, 2012).
- John Curl, *For All the People: Uncovering the Hidden History of Cooperation, Cooperative Movements, and Communalism in America* (New York: PM Press, 2012).
- Russell Miller, *Magnum: Fifty Years on the Frontline of History* (New York: Grove, 1998).
- E. F. Schumacher, *Small Is Beautiful: Economics as if People Mattered* (New York: Harper, 1973).
- Yuval Levin, *Fractured Republic: Renewing America's Social Contract in the Age of Individualism* (New York: Basic Books, 2016).
- Toni Morrison, Ta-Nehisi Coates, and Sonia Sanchez, "Art is Dangerous," *VOX*, June 17, 2016, www.vox.com/2016/6/17/11955704/ta-nehisi-coates-toni-morrison-sonia-sanchez-in-conversation.
- Yuval Noah Harari, "Big Data, Google, and the End of Free Will," *Financial Times*, August 26, 2016, www.ft.com/content/50bb4830-6a4c-11e6-ae5b-a7cc5dd5a28c.

- David Auerbach, "Letter to a Young Male Gamer," *Slate*, August 27, 2014, www.slate.com/articles/technology/bitwise/2014/O8/zoe_quinn_harassment_a_letter_to_a_young_male_gamer.html.
- Michael Perilloux 有關新反動 (Neoreaction) 的著作可在 www.socialmatter.net 上找到。
- Wael Ghonim's Ted Talk, "Inside the Egyptian Revolution," was filmed in March of 2011, www.ted.comkalks/wael_ghonim_inside_the_egyptian_revolution。
- Pico Iyer, *The Art of Stillness* (New York: Simon and Schuster/TED, 2014). 這是一本精簡但充滿智慧的小書，書中的建議使我決定前往加州大蘇爾的新卡默達利修道院。
- Daniel Bell, *The Cultural Contradictions of Capitalism* (New York: Basic Books, 1976). 初版發行於 1976 年，內容有點過時，但是貝爾的許多重要發現似乎仍適用於當前的文化。
- Jacques Barzun, *From Dawn to Decadence* (New York: Harper Collins, 2000). 這是真正偉大的文化史書之一。
- John Seabrook, *The Song Machine: Inside the Hit Factory* (New York: W. W. Norton, 2016). 這是一本討論現代流行音樂產業的好書。
- Frans de Waal, "How Bad Biology is Killing the Economy," *Evonomics*, March 2016, evonomics.com/how-bad-biology-is-killing-the-economy/.
- Henry Jenkins, *Convergence Culture: Where Old and New Media Collide* (New York: NYU Press, 2006). 詹金斯和我並不是所有的看法都一致，但他向來是我在安能伯格創新實驗室的靈感與指導的來源。
- Neil Postman, *Amusing Ourselves to Death* (New York: Penguin, 1985). 本書討論在網際網路出現之前，流行文化在慰藉美國大眾上所扮演的角色，他認為赫胥黎對未來的觀點在此時的正確性更甚於以往。
- Mark Grief, *The Age of the Crisis of Man: Thought and Fiction in America, 1933-1973* (Princeton: Princeton University Press, 2015).

第十二章　數位文藝復興

- Christopher Moyer, "How Google's AlphaGo Beat Lee Sedol, a Go World Champion," *Atlantic*, March 28, 2016, www.theatlantic.com/technology/archive/2016/03/the-invisible-opponent/475611/.

第十章　自由放任主義者與頂端的百分之一

- Jane Mayer, *Dark Money: The Hidden History of the Billionaires Behind the Rise of the Radical Right* (New York: Doubleday, 2016). 若要了解我們的民主發生了什麼問題，此為必讀資料。
- Robert McChesney, *Digital Disconnect: How Capitalism Is Turning the Internet Against Democracy* (New York: New Press, 2015). 這是一本對抗媒體壟斷長達二十五年之媒體倡議者兼學者所撰寫的精彩入門書籍。
- Robert Gordon, *The Rise and Fall of American Growth* (Princeton: Princeton University Press, 2016). 這是對數位烏托邦者的絕佳解藥，戈登詳盡研究的內文證明，網際網路始終未能達到承諾的高水準生產力。
- Sara C. Kingsley, Mary L. Gray, and Siddharth Suri, "Monopsony and the Crowd: Labor for Lemons?" Oxford Internet Institute, August 2014, ipp.oii.ox.ac.uk/2014/programme-2014/track-a/labour/sara-kingsley-mary-gray-monopsony-and.
- 牛津大學的馬丁科技與僱用計畫是討論自動化與未來工作極重要資訊資源，在 www.oxfordmartin.ox.ac.uk/news/201501_Technology_Employment 上可以找到。
- Andrew Gumbel, "San Francisco's Guerrilla Protest and Google Buses Swells into Revolt," *The Guardian*, January 25, 2014, www.theguardian.com/world/2014/jan/25/google-bus-protest-swells-to-revolt-san-francisco.
- Tom Perkins, "Progressive Kristallnacht Coming?" Letter to the Editor, *Wall Street Journal*, January 24, 2014, www.wsj.com/news/articles/SB10001424052702304549504579316913982034286.
- David Graeber, *The Utopia of Rules: On Technology, Stupidity, and the Secret Joys of Bureaucracy* (London: Melville House, 2015). 這是一篇關於「狗屎工作」好笑、辛辣的記述。

第十一章　身為人類代表什麼？

- Nir Eyal, *Hooked: How to Build Habit-Forming Products* (New York: Portfolio, 2014). 艾歐把史金納的制約模型當作他的合理結論。
- 川普的假推特跟隨者可以在 fakers.status-people.com/realdonaldtrump 上找到。
- 玩家門的最佳報導來自《華盛頓郵報》的 Caitlin Dewey，關於這個主題的惡質資訊和八卦多到不可勝數。

- Bob Garfield, *The Chaos Scenario* (New York: Stielstra, 2009). 鮑伯・加菲爾德在國家公共廣播電台，每週還有一個名為《上媒體》的廣播節目。
- Ben Elgin, Michael Riley, David Kocieniewski, and Joshua Brustein, "How Much of Your Audience Is Fake?" *Bloomberg Business-week*, October 2015, www.bloomberg.com/features/2015-click-fraud/.
- 班・湯普森（Ben Thompson）的部落格 Stratechery 是必讀內容：stratechery.com。
- George Packer, "No Death, No Taxes," *The New Yorker*, November 28, 2011, www.newyorker.com/magazine/2011/11/28/no-death-no-taxes.
- Tad Friend, "Tomorrow's Advance Man," *The New Yorker*, May 18, 2015, www.newyorker.com/magazinc/2015/05/18/tomorrows-advance-man.

第九章　網際網路海盜

- Charles Graeber, "Inside the Mansion and Mind of the Net's Most Wanted Man," *Wired*, October 2012.
- Google and PRS for Music commissioned report, "The Six Business Models for Copyright Infringement," June 27, 2012, www.prsformusic.com/aboutus/policyandresearch/researchandeconomics/Documents/TheSixBusinessModelsofCopyrightInfringement.pdf.
- MUSO, "Global Music Piracy Insight Report 2016," July 2016, www.muso.com/market-analytics-global-music-insight-report-2016/.
- USC Annenberg Innovation Lab, "Advertising Transparency Report," fifth edition, June 12, 2013, www.annenberglab.com/projects/ad-piracy-report-0.
- J. M. Berger and Jonathon Morgan, "The ISIS Twitter Census," Brookings Project on U.S. Relations with the Islamic World, Analysis Paper No. 20, March 2015, www.brookings.edu/wp-content/uploads/2016/06/isis_twitter_census_berger_morgan.pdf.
- Gareth Owen and Nick Savage, "The Tor Dark Net," Global Commission on Internet Governance, Paper Series No. 20, September 2015, www.cigionline.org/sites/default/files/no20_0.pdf.
- Charlie Warzel, " 'A Honeypot for Assholes': Inside Twitter's 10-Year Failure to Stop Harassment," Buzzfeed, August 11, 2016, www.buzzfeed.corn/charliewarzel/a-honeypot-for-assholes-inside-twitters-10-year-failure-to-s.

其他人領先一個層次。」未來已經來臨，不僅你的安卓智慧型手機或你的谷歌 Home Assistant，還有你的 Nest 自動調溫器、安全監視器及谷歌機上盒，都能將你的一舉一動和談話回報給谷歌伺服器，以便賣出更多廣告與產品。我們繼續交出自己更多的隱私生活，同時卻相信仁慈的企業會免費帶給我們便利的神話。

- 谷歌透明計畫可見於 googletransparencyproject.org。
- Adam Pasick and Tim Fernholz, "The Stealthy Eric Schmidt – Backed Startup That's Working to Put Hillary Clinton in the White House," *Quartz*, October 9, 2015, qz.com/520652/groundwork-eric-schmidt-startup-working-for-hillary-clinton-campaign/.
- Edmund Morris, *The Rise of Theodore Roosevelt* (New York: Random House, 2010).
- James Lardner, "The Instant Gratification Project," *Business* 2.0, December 2001.

第八章　社群媒體革命

- Harry McCracken, "Inside Mark Zuckerberg's Bold Plan for the Future of Facebook," *Fast Company*, November 16, 2015, www.fastcompany.com/3052885/mark-zuckerberg-facebook.
- Daniel Hunt, "The Influence of Computer-Mediated Communication Apprehension on Motives for Facebook Use," *Journal of Broadcasting & Electronic Media*, vol. 56, no. 2 (June 2012).
- David Kravets, "Facebook's $9.5 Million Beacon Settlement Approved," *Wired*, September 21, 2012, www.wired.com/2012/09/beacon-settlement-approved/.
- Julia Angwin, *Dragnet Nation: A Quest for Privacy, Security, and Freedom in a World of Relentless Surveillance* (New York: Times Books, 2015).
- Hazel Markus and Paula Nurius, "Possible Selves," *American Psychologist*, vol. 41, no. 9 (September 1986), psycnet.apa.org/index.cfm?fa=buy.optionToBuy&id=1987-01154-001.
- 目前關於臉書、谷歌公司及國家安全局稜鏡計畫最詳盡的內容，是由格倫・格林華德於 2013 年 6 月和 7 月間在《衛報》發表的一系列文章。
- Kevin Cahill, "PRISM and the Law: The State of Play, August 2016," *Computer Weekly*, August 15, 2016, www.computerweekly .com/opinion/Prism-and-the-law-The-state-of-play-in-August-2016.

- Austin Carr, "Reddit Co-Founder, The Band's Ex-Tour Manager Debate SOPA, Anti-Piracy and Levon Helm's Legacy," *Fast Company*, April 19, 2012, www.fastcompany.com/1834779/reddit-cofounder-bands-ex-tour-manager-debate-sopa-antipiracy-and-levon-helms-legacy-video.
- Kurt Andersen, "You Say You Want a Devolution?" *Vanity Fair*, January 2012.

第六章　數位時代的壟斷

- 書中對羅伯・博克的研究，大多來自對前勞工部長羅伯・萊克的訪問，他在 1970 年代是博克的學生和研究助理。
- Robert Bork, *Antitrust Paradox* (New York: Basic Books, 1978).
- Barry Lynn, *Cornered: The New Monopoly Capitalism and the Economics of Destruction* (New York: John Wiley and Sons, 2010).
- Lee Epstein, William Landes, and Richard Posner, "How Business Fares in the Supreme Court," *University of Minnesota Law Review*, vol. 97, no. 1, www.minnesotalawreview.org/articles/volume-97-lead-piece-business-fares-supreme-court/.
- Peter Orszag and Jason Furman, *A Firm-Level Perspective on the Roll of Rents in the Rise in Inequality*, presentation at "A Just Society" Centennial Event in Honor of Joseph Stiglitz, Columbia University, October 16, 2015, www.whitehouse.gov/sites/default/files/page/files/20151016_firm_level_perspective_on _role_of_rents_in_inequality.pdf.
- Martin Gilens and Benjamin I. Page, "Testing Theories of American Politics: Elites, Interest Groups, and Average Citizens," *Perspectives on Politics*, vol. 12, no. 3 (September 2014), scholar.princeton.edu/sites/default/files/mgilens/files/gilens_and_page_2014_-testing_theories_of_american_politics.doc.pdf.

第七章　谷歌的監管劫持

- 史考特・克里蘭的 Precursor 部落格 www.precursorblog.com，是所有研究谷歌者的寶貴資源。克里蘭指出，谷歌、臉書、亞馬遜及蘋果即將展開一場爭奪我們注意力的新戰爭，利用放置在家庭各處的語音「數位助理」來偵查我們的欲望。谷歌執行長桑德爾・皮蔡（Sundar Pichai）於 2016 年 5 月的 I/O 開發商會議中，對與會者表示：「我們的數位助理了解談話的能力遠遠勝過其他公司，比

- Peter A. Thiel and Blake Masters, *Zero to One: Notes on Startups, or How to Build the Future* (New York: Crown Business, 2014).
- Jennifer Burns, *Goddess of the Market: Ayn Rand and the American Right* (London: Oxford University Press, 2009).
- Anne Conover Heller, *Ayn Rand and the World She Made* (New York: Nan A. Talese, 2009).
- Ayn Rand, *The Fountainhead* (New York: Bobbs-Merrill, 1943).
- Ayn Rand, *Atlas Shrugged* (New York: Random House, 1957).
- Peter Thiel, "The Education of a Libertarian," Cato Institute, April 2009, www.cato-unbound.org/2009/04/13/peter-thiel/education-libertarianxo.
- Hans Hermann-Hoppe, *Democracy-The God That Failed* (Newark: Transaction, 2001).
- Greg Satell, "Peter Thiel's Four Rules for Creating a Great Business," *Forbes*, October 3, 2014, www.forbes.com/sites/gregsatell/2014/10/03/peter-thiels-4-rules-for-creating-a-great-business/2/#2ea53ac12804.
- Brad Stone, *The Everything Store: Jeff Bezos and the Age of Amazon* (New York: Little, Brown and Company, 2013).

第五章　數位破壞

- 由艾倫・索金（Aaron Sorkin）編劇，大衛・芬奇（David Fincher）導演的電影《社群網戰》，對於臉書誕生的真實敘述令人讚嘆。
- David Kirkpatrick, *The Facebook Effect* (New York: Simon and Schuster, 2010).
- David Kirkpatrick, "With a Little Help From His Friends," *Vanity Fair*, September 6, 2010, www.vanityfair.com/culture/2010/10/sean-parker-201010.
- Samantha Krukowski (ed.), *Playa Dust: Collected Stories from Burning Man* (San Francisco: Black Dog, 2014).
- Ken Auletta, *Googled: The End of the World as We Know It* (New York: Penguin, 2009).
- 大部分從 YouTube 引述的電子郵件，均來自維康國際訴 YouTube 公司案件的訴訟證詞。

第二章　李翁的故事

- 雖然李翁・赫姆和樂隊合唱團的故事大多來自我與他們的親身經驗，但是英國新聞記者巴尼・霍斯金斯（Barney Hoskins）撰寫了兩本好書，記述了那段期間在胡士托所發生的事，*Across the Great Divide: The Band & America* (New York: Hal Leonard, 2006) 涵蓋了他們絕大多數的職業生涯。*Small Town Talk: Bob Dylan, The Band, Van Morrison, Janis Joplin, Jimi Hendrix and Friends in the Wild Years of Woodstock* (New York: Da Capo Press, 2016) 則對於 1960 年代末期的事件全貌，有更廣泛的見解。
- 克里斯・安德森於 2008 年的著作《長尾理論：打破八十／二十法則的新經濟學》（*The Long Tail: Why the Future of Business Is Selling Less of More*）（New York: Hachette, 2008）仍然備受爭議，我認為他低估了搜尋引擎只把最受歡迎的內容列於搜尋結果最前面的力量。
- 雷・察爾斯歷來最暢銷的專輯是《雷・察爾斯現場表演》，收音自 1959 年在亞特蘭大運動場與一個大樂團的演唱，你可以在這張專輯中聽到那首無比哀怨又慢到不可思議的〈被自己的淚水淹沒〉。

第三章　科技的反文化根源

- 雖然我從未有機會見到道格拉斯恩格巴特，但還是很幸運有緣認識一些網際網路的創辦人，包括文特・瑟夫、提姆・伯納斯－李，特別是約翰・西利・布朗，他在過去七年來一直是我的良師益友。
- Thierry Bardini, *Bootstrapping: Douglas Engelbart, Coevolution, and the Origins of Personal Computing* (Palo Alto: Stanford University Press, 2000).
- Fred Turner, *From Counterculture to Cyberculture* (Chicago: University of Chicago Press, 2008), and John Markoff, *What the Dormouse Said* (New York: Viking, 2005) 是有關網際網路早期發展故事的絕佳來源。
- Lee Vinsel and Andrew Russell, “Hail the Maintainers,” *Aeon*, April 7, 2016, aeon.co/essays/innovation-is-overvalued-maintenance-often-matters-more.

第四章　自由放任主義者的反叛亂

- Peter A. Thiel and David O. Sachs, *The Diversity Myth* (Oakland: The Independent Institute, 1998).

- 馬丁・路德・金恩在華盛頓國家大教堂最後的佈道是於 1968 年 3 月 31 日。Martin Luther King Jr., "Remaining Awake Through a Great Revolution," The King Institute, kinginstitute.stanford.edu/king-papers/publications/knock-midnight-inspiration-great-sermons-reverend-martin-luther-king-jr-10.
- Leon Wieseltier, "Among the Disrupted," *New York Times*, January 7, 2015, www.nytimes.com/2015/01/18/books/review/among-the-disrupted.html.
- Carole Cadwalladr, "Google, Democracy and the Truth About Internet Search," *Guardian*, December 4, 2016, www.theguardian.com/technology/2016/dec/04/google-democracy-truth-internet-search-facebook.
- 2015 年卡明斯基在黑帽安全技術大會（Black Hat Conference）引述國家電信暨資訊管理局（National Telecommunications and Information Administration, NTIA）的報告支持他的論點表示，50% 的網際網路使用者擔心安全問題。National Telecommunications and Information Administration, "Lack of Trust in Internet Privacy and Security May Deter Economic and Other Online Activities," May 13, 2016, www.ntia.doc.gov/blog/2016/lack-trust-internet-privacy-and-security-may-deter-economic-and-other-online-activities.
- Jacob Silverman, "Just How Smart Do You Want Your Blender To Be?" *The New York Times*, June 19, 2016, www.nytimes.com/2016/06/19/magazine/just-how-smart-do-you-want-your-blender-to-be.html.

第一章　大破壞

- Jorge Guzman and Scott Stern, "The State of American Entrepreneurship: New Estimates of the Quantity and Quality of Entrepreneurship in 15 US States, 1988-2014," March 2016, staticl.squarespace.com/static/53d52829e4b0d9e21c9a6940/t/56d9a05545bf217588498535/1457102936611/Guzman+Stern+!X+State+of+American+Entrepreneurship+FINAL.pdf.
- David Nasaw, *Andrew Carnegie* (New York: Penguin Books, 2007).
- OECD Economics Department, "Policy Note No. 24: Shifting Gear: Policy Challenges for the Next 50 Years," June 2014.
- 最迫切需要注意的是，雖然根據埃森哲（Accenture）的數據顯示，數位經濟目前只佔全球經濟的 22.5%，到了 2020 年將佔 25%，並將持續以遠勝於非數位經濟的速度成長。

注釋

前言

- Holman Jenkins, "Technology=Salvation," *Wall Street Journal*, October 9, 2010, www.wsj.com/articles/SB10001424052748704696304575537882643165738.
- Craig Silverman, "Viral Fake Election News Outperformed Real News on Facebook in Final Months of the U.S. Election," *Buzzfeed*, November 16, 2016, www.buzzfeed.com/craigsilverman/viral-fake-election-news-outperformed-real-news-on-facebook.
- 我對每年 500 億美元從內容創造者轉移至科技平台的計算如下：根據美國報業協會，報紙廣告營收從 2000 年的 658 億美元減少至 2014 年的 236 億美元，因此減少金額為 422 億美元。根據美國唱片業協會指出，唱片音樂營收從 2000 年的 198 億美元減少至 2014 年的 72 億美元，因此又減少 126 億美元。根據數位娛樂集團（Digital Entertainment Group）的數據，影片家庭娛樂營收在 2006 年時為 242 億美元，而 2014 年為 180 億美元，因此又減少了 62 億美元。加總起來，內容創作者的營收一年減少 610 億美元，此數據尚未計入書籍業者。書籍業者的收入基本上一直都呈現疲弱不振的狀態，因為少年讀物銷售減少，自 2007 年以來，佔非小說書籍銷售衰退的 23%，以及成人小說書籍銷售衰退的 37%。這些統計數字來自尼爾森圖書調查（Nielsen Bookscan），並包含電子書銷售。
- Perfect Search Media 曾發表一項報告，並作出結論：「娛樂產品與服務是人們最常利用谷歌搜尋的產品與服務。」"Google's Most Searched Online Products and Services-June 2013," *Slideshare*, December 5, 2013, www.slideshare.net/PerfectSearchMediaDesign/perfect-search-mostsearchedonlinegoogle。
- Barry Lynn and Phillip Longman, "Populism with a Brain," *Washington Monthly*, August 2016, washingtonmonthly.com/magazine/ junejulyaug-2016/populism-with-a-brain/.

Big Ideas18

大破壞：Facebook、Google、Amazon制霸，如何引爆全球失衡

2018年10月初版　　定價：新臺幣380元

著者	Jonathan Taplin
譯者	吳國卿
叢書編輯	林莛蓁
校對	蘇淑君
封面設計	兒日
內文排版	李信慧
編輯主任	陳逸華

出版者	聯經出版事業股份有限公司
地址	新北市汐止區大同路一段369號1樓
編輯部地址	新北市汐止區大同路一段369號1樓
叢書主編電話	(02)86925588轉5315
台北聯經書房	台北市新生南路三段94號
電話	(02)23620308
台中分公司	台中市北區崇德路一段198號
暨門市電話	(04)22312023
台中電子信箱	e-mail：linking2@ms42.hinet.net
郵政劃撥帳戶第	0100559-3號
郵撥電話	(02)23620308
印刷者	文聯彩色製版印刷有限公司
總經銷	聯合發行股份有限公司
發行所	新北市新店區寶橋路235巷6弄6號2樓
電話	(02)29178022

總編輯	胡金倫
總經理	陳芝宇
社長	羅國俊
發行人	林載爵

行政院新聞局出版事業登記證局版臺業字第0130號

本書如有缺頁，破損，倒裝請寄回台北聯經書房更換。　ISBN 978-957-08-5175-5 (平裝)
聯經網址：www.linkingbooks.com.tw
電子信箱：linking@udngroup.com

MOVE FAST AND BREAK THINGS: How Facebook, Google, and Amazon Cornered Culture and Undermined Democracy
by Jonathan Taplin

國家圖書館出版品預行編目資料

大破壞：Facebook、Google、Amazon制霸，如何引爆全球失衡/
Jonathan Taplin著．吳國卿譯．初版．新北市．聯經．2018年10月（民107年）．
320面．14.8×21公分（Big Ideas18）
譯自：Move fast and break things: how Facebook, Google, and Amazon cornered culture and undermined democracy
ISBN 978-957-08-5175-5（平裝）

1.網路社會 2.資訊社會 3.電子商務

541.415 107015057